品质课程
实验研究
丛书

丛书主编
杨四耕

聚焦内涵发展的课程探究

芳香式课程的理念与实施

陈志东 主编

华东师范大学出版社·上海

图书在版编目(CIP)数据

聚焦内涵发展的课程探究：芳香式课程的理念与实施/陈志东主编.—上海：华东师范大学出版社,2019
（品质课程实验研究丛书）
ISBN 978-7-5675-9509-5

Ⅰ.①聚… Ⅱ.①陈… Ⅲ.①课程建设 Ⅳ.①G423

中国版本图书馆 CIP 数据核字(2019)第 215197 号

品质课程实验研究丛书
聚焦内涵发展的课程探究：芳香式课程的理念与实施

丛书主编	杨四耕
主　　编	陈志东
责任编辑	刘　佳
项目编辑	林青荻
特约审读	陈成江
责任校对	林文君
装帧设计	卢晓红

出版发行	华东师范大学出版社
社　　址	上海市中山北路 3663 号　邮编 200062
网　　址	www.ecnupress.com.cn
电　　话	021-60821666　行政传真 021-62572105
客服电话	021-62865537　门市(邮购)电话 021-62869887
地　　址	上海市中山北路 3663 号华东师范大学校内先锋路口
网　　店	http://hdsdcbs.tmall.com/

印 刷 者	上海展强印刷有限公司
开　　本	787×1092　16 开
印　　张	15.5
字　　数	219 千字
版　　次	2020 年 1 月第 1 版
印　　次	2020 年 12 月第 2 次
书　　号	ISBN 978-7-5675-9509-5
定　　价	48.00 元

出版人　王　焰

（如发现本版图书有印订质量问题，请寄回本社客服中心调换或电话 021-62865537 联系）

编委会

主　编： 陈志东
副主编： 陈柳芳　钟肖琼
成　员：（按姓氏笔画排序）
　　　　　马洁盈　尹朝霞　钟巧萍　钟笑银
　　　　　钟彩云　钟影婷　高　旦

丛书总序

实践，课程最美的语言

西方课程研究已有百余年历史，对课程实践影响比较大的当属课程开发模式研究。西方课程开发模式主要有以下几种：一是目标模式，它以明确的目标为中心开展课程研制，其代表人物有博比特、泰勒和布卢姆；二是过程模式，它旨在通过详细说明内容和选择内容，遵循程序原理来进行课程研制，代表人物是斯滕豪斯；三是情境模式，它强调社会文化情境的分析，反对脱离社会现实及学校具体情境的课程方案研制，劳顿和斯基尔贝克是其主要代表人物；四是实践模式，以施瓦布为代表，他认为，通过课程审议洞察具体的实践情境，提出可供选择的方案是课程开发的重要任务。

自20世纪90年代以来，课程研究者逐渐不再局限于依据某种单一的课程理论来进行课程设计，而是根据培养目标、学习者的特点等对多种课程设计理论进行整合，以实现课程开发目标。如我国课程学者在批判继承东西方课程理论合理内核的基础上提出了"人化—整合"课程研制方法论，指出了该方法论的教育学标准、范式坐标、本质特征及框架设想。（参见郝德永在2000年于教育科学出版社出版的《课程研制方法论》。）

创新是理论研究的生命。被誉为"现代课程理论之父"的泰勒在他的专著《课程与教学的基本原理》中提出，课程研究必须关注"四个基本问题"：学校应该达到哪些目标？提供哪些教育经验才能实现这些目标？怎样才能有效地组织这些教育经验？我们怎样确定这些目标正在得到实现？这四个基本问题构成了课程与教学的基本原理，为课程开发提供了坚实的理论基础和可靠的实践范式。我们提出的"首要课程原理"，是置身中国课程改革实践，吸纳西方课程研究成果，采取整合融贯的思维方式，在充满张力的文化场域中进行综合创造的结果。它创造性地将泰勒的"四个基本问题"发展为学校课程实践的"五个基本原理"：聚焦学习原理、情境慎思原理、文化融入原理、目标导引原理和扎根过程原理。其研究旨趣不是宏大庄严的理论,而在于回应课程变革的现实需求,更好地提升学校课程品质。

1. 聚焦学习原理:儿童成长是课程的焦点

杜威说:"儿童和课程仅仅是构成一个单一的过程的两极。"他以全新的视角揭示了一个观点,即课程内容的逻辑顺序与儿童生长的心理顺序在本质上是一致的,它们都是儿童主动活动的结果。为此,他提出要研究儿童不同发展阶段的需要与可能性,给儿童提供有助于其"生长"的课程。他说:"儿童的世界是一个具有他们个人兴趣的人的世界,而不是一个事实和规律的世界。儿童世界的主要特征,不是什么与外界事物相符合这个意义上的真理,而是感情和同情。"(杜威语)儿童需求是课程的核心,孩子们需要什么、喜欢什么,就给他配什么样的课程。杜威说:"兴趣的价值在于它们所提供的那种力量,而不是它们所表现的那种成就。"这充分体现了儿童的"兴趣"和"感情",融通了"科学世界"与"生活世界"的诉求,它让每一个孩子乐在其中,有所感、有所思、有所悟、有所得。聚焦学习,回归生长,让儿童处于课程中央,这是学校课程深度变革的追求。

2. 情境慎思原理:清晰学校课程变革的起点

课程生成于特定的时代背景与文化架构之中,是文化选择的结果,我们不能脱离社会现实及学校具体情境在"真空"中开发课程。只有在"情境慎思"的基础上,我们才能准确把握学校课程变革的宏观背景,深刻理解课程变革的文化架构,进而准确地揭示课程的本质,制定出立足在地文化资源、基于学校发展实际的课程方案。英国课程学者劳顿指出:课程开发必须关注宏观文化背景,研制课程要先进行"文化分析"。除了关注宏观文化背景,还要对学校微观情境进行分析,将关注的焦点放在具体学校和教师身上。这是英国课程学者斯基尔贝克课程开发"情境模式"之核心观点。

3. 文化融入原理:让思想的光辉映照学校课程

在不少人的眼里,课程就是分门别类的"学习材料"。当我们走出这种视野,把课程理解为每一个人活生生体验到的存在的时候,课程就具有了全新的含义,它不再只是一堆材料,而是一种"复杂的会话",一种可以进行多元解读的"文本"。通过"解读"我们可以获得多元话语,通过"会话"我们可以得到关于课程的独特理解。派纳说:"课程是一个高度符号性的概念,它是一代人努力界定自我与世界的场所。"它允许人们从不同的视域来理解课程,通过个性化的"复杂会话",课程那被久久遗忘的意义得以澄明："学校课程的宗旨在于促使我们关切自己与他人,帮助我们在公共领域成为致力于建设民主社会的公民,在私人领域成为对他人负责的个体,运用智力、敏感和勇气思考与行动。"在这里,"课程不再是一个事物,也不仅是一个过程。它成为一个动词,一种行动,一种社会实践,一种私人的意义,一种公共的希望"。

4. 目标导引原理:让学校课程变革富有理性精神

如前所述,泰勒提出了课程开发的基本问题即著名的"泰勒原理"。由此,他建立了课程研制活动的四个基本环节:确定基本目标,选择学习经验,组织学习经验,评价学习结果。我们认为,学校课程变革不是漫无目的的"撒野",而是基于目标的牵引,匹配课程、实施课程、评价结果的过程,是让理性精神照耀学校课程变革的过程。

5. 扎根过程原理:激活学校课程变革图景

英国课程学者斯滕豪斯在1975年出版的《课程研究与研制导论》中,首倡课程开发的过程模式。过程模式重视基于"教育宗旨"的课程活动过程,强调通过对知识形式和活动价值的分析来确定内容,主张通过加强教师的发展来激活学校课程,要求教师在课程开发过程中,通过反思澄清隐含在课程实践过程中的价值要素,提升课程实践过程的价值理解力和判断力。美国课程学者施瓦布认为:课程是一个相互作用的"生态系统",它是建立在对课程意义的"一致性解释"基础上,通过这个"生态系统"要素间的相互理解、相互作用,实现学生学习需求的满足和德性的生长。因此,课程变革必须激活包括教师和学生在内的课程实践过程,回归课程的实践旨趣。

我们认为,"首要课程原理"是对课程现象、课程关系及其矛盾运动的理性认识,是建立在客观的课程事实、课程现象基础上的,通过归纳、演绎等科学方法,由概念、判断和推理构成的观念体系。它不是零碎的观点,有着自己独特的形式结构,是由不同要素构成的复杂理念系统。"首要课程原理"也是动态生成的观念系统,不是金科玉律式的教条,不是封闭的符号化知识体系,而是有待改进与完善的学校课程变革建议。"首要课程原理"具有实践浸润性,不是理论循环自证的形上之思,它是为了课程实践,通过课程实践,在课程实践中,浸润在实践与实验中不断生长的课程理论。

实践,课程最美的语言。经过十多年的实验与研究,我们深深感受到,学校课程实践的复杂性需要整合性的课程理论架构作指导。"首要课程原理"是在潜心梳理现有课程理论成果过程中,发现其固执一端的弊端而获得方法论启迪的,它是以综合创造思维对各流派课程理论进行概括、提炼与建构的结果。它是课程研制要素在时间和空间上相对稳定的联系方式的理性表达,既是从过去状况到现实经验的情境分析,也是对课程理想状态的整体设计。可以说,"首要课程原理"是课程理论的精华与课程实践的智慧,具有观点深刻性、架构系统性及实践指向性等特点。

"品质课程实验研究丛书"是我们运用"首要课程原理"开展课程行动研究,促进一批学校推进课程深度变革的成果。我们期望通过试验与实证、归纳与演绎,逐步完善"首要课程原理"系列命题,建立理论性与实践性并存、可重复、可操作的课程知识体系,真正提升学校课程实践品质。

课程是理论的实践表达,理论是实践的理性观念,让课程理论与实践良性互促是课程研究的神圣使命。富有原创性的课程理论,不仅启发无尽的思考,也启示实践的路向,激发课程变革的热情。一种好的理论,应当顶天立地,上通逻辑,下连实践,体现思辨的旨趣,充满生命活力。

杨四耕

2019 年 5 月 1 日于上海市教育科学研究院

目录

总论 聚焦内涵发展的课程探究 / 1

一 课程哲学:学校课程框架的理念 / 3
二 课程目标:学校课程框架的聚焦 / 5
三 课程体系:学校课程框架的基质 / 6
四 课程实施:学校课程框架的推进 / 26

第一章 德香课程:让儿童带着香气成长 / 41

如果一所学校,少了文化的醇香;如果一个孩子,缺了人文的熏陶,那是不可思议的。教育的馨香弥漫在学校的角角落落,渗透在课堂教学的所有环节,浸润于校园生活的方方面面,延伸到家庭与社会的每一个空间。一句话,让儿童带着香气成长,是学校教育的神圣使命。

【课程智慧1-1】磨砺养成教育 / 45

【课程智慧1-2】星星之火,代代相传 / 49

【课程智慧1-3】雏鹰展翅 / 56

【课程智慧1-4】书声琅琅·论语 / 60

【课程智慧1-5】小说大观 / 64

【课程智慧1-6】名人传记 / 69

第二章　语香课程：跳动着生命的灵气 / 75

　　语言演绎生命。让我们重温海德格尔"语言是存在的家"之名言,让我们跟随海德格尔的指引去倾听语言言说自身,追寻命运之呼唤,思存在之真在吧！语言是情意的载体,让人文栖息,让生命鲜活；语言是存在的家园,让笔下的精灵,跳动着灵气；语言是心灵的归宿,让存在更有意义！

【课程智慧2-1】读百家,诵千言 / 80
【课程智慧2-2】童话童心 / 88
【课程智慧2-3】读百诗·识千字 / 93
【课程智慧2-4】日有所诵 / 98
【课程智慧2-5】经典诵读·孟子 / 103
【课程智慧2-6】我会读字母 / 107
【课程智慧2-7】快乐学音素 / 111
【课程智慧2-8】I Love Phonics / 118
【课程智慧2-9】I Say You Say / 122
【课程智慧2-10】声临其境 / 127

第三章　慧香课程：以智慧香而自庄严 / 131

　　印度哲学家克里希那穆提指出："学校应该帮助学生去发现他们自己的天赋和职责,而不要仅以事实和技术上的知识填塞他们的内心。"拥有知识未必拥有智慧,拥有知识未必拥有思想。只有当儿童置身知识产生的情境的时候,那个知识才有价值、才有力量。让知识回归儿童,回归智慧,应该成为学校课程最重要的取向。

【课程智慧3-1】有趣的数字谜 / 135

【课程智慧 3-2】灵活速算 / 138

【课程智慧 3-3】乘法巧算 / 143

【课程智慧 3-4】数字谜小达人 / 150

【课程智慧 3-5】分数巧算 / 156

【课程智慧 3-6】我是小主编 / 161

【课程智慧 3-7】奇妙探究　动手玩科学 / 164

第四章　道香课程：生命在于运动 / 169

　　法国著名医生蒂索说过："运动就其作用来说可以代替任何药物，但世界上的一切药品并不能代替运动的作用。"激发孩子参加体育锻炼的热情，对孩子增强体质、健康生活一辈子、幸福快乐一辈子大有裨益。生命在于运动，让孩子投身体育运动，培养孩子锻炼的习惯，是学校教育最重要的一项内容。

【课程智慧 4-1】羽球飞扬 / 174

【课程智慧 4-2】剑道芭蕾 / 177

【课程智慧 4-3】踢出一片天 / 182

【课程智慧 4-4】拳脚有道 / 186

第五章　艺香课程：在富有美感的环境里长大 / 191

　　毕加索曾经说过："每个孩子都是天生的艺术家，问题是怎么在长大之后仍然保持这种天赋。"让每个孩子都有机会能参与到学校以及其他部门组织的各项艺术活动中，给学生展示和表演的平台，让孩子们在富有美感的环境里长大，成为心灵高贵、举止优雅、淡定而美好的人，是我们矢志不渝的追求。

【课程智慧 5-1】沙溢指尖 / 196

【课程智慧 5-2】"舞"彩童年 / 202
【课程智慧 5-3】快乐童声 / 206
【课程智慧 5-4】开心"剧"场 / 212
【课程智慧 5-5】偏旁部首 / 215
【课程智慧 5-6】间架结构 / 220
【课程智慧 5-7】博采众长 / 225

后记 / **229**

总论

聚焦内涵发展的课程探究

广州市黄埔区萝峰小学创建于 1947 年 8 月，至今已有 70 余年办学历史。学校毗邻羊城旧八景之一的"萝岗香雪"和有 800 多年历史的玉岩书院。学校现占地约 38 847 平方米，建筑面积 20 574 平方米，配有 36 间标准课室、48 个专用场室和 200 米环形标准化运动场。学校是广州市级足球推广学校，先后被评为"广州市安全文明校园"(2009)、"广州市优秀家长学校"(2009)、"广东省校本培训示范基地"(2009)、"广州市绿色学校"(2010)、"广州市德育示范学校"(2010)、"广东省安全文明校园"(2011)、"广东省少先队红旗大队"(2011)、"广东省绿色学校"(2012)、"首批广州市义务教育阶段特色学校"(2013)、"国际生态学校"(2016)、"广州市少先队红旗大队"(2016)、"广州市健康学校"(2017)、"广州市红领巾示范学校"(2018)。

一　课程哲学：学校课程框架的理念

1. 学校教育哲学

学校传承根植于当地的人文资源——"萝岗香雪"文化，作为学校文化的确立依据，以梅花为具象表征，以梅花精神作为文化引领，其中"梅花香自苦寒来"是梅花精神的核心和灵魂，只有经历了严寒彻骨，才有扑鼻的梅花香。每一个儿童就像是一朵朵小梅花的花蕾，每一个孩子都是美好的，他们都拥有着无比巨大的发展潜力。而每一个孩子的茁壮成长，也必然要经历认识、体验、磨砺、成长的过程，只有感悟了丰富的人生内涵的孩子，才能蜕变为更好的自己，才能精彩绽放，并散发出迷人的"香气"。而这"香气"既是来自于孩子们朴质天性的灵性之香，也是传承了不畏艰难、奋发有为的梅花精神的磨砺之香,更是浸染了现代文明气息的由内而外散发出来的灵魂之香,由此,我们提出了"香教育"的哲学和"闻香向雅,沐香笃行"之办学理念。

2. 学校课程理念

基于上述教育哲学,我校提出如下课程理念:**亲近自然沐香,纵情学海问道**。这意味着:

——课程即亲近自然。童年是生命蓬勃生长的时期,大自然给予了孩子们充满同样蓬勃生长的生命的环境,我们学校拥有得天独厚的占地10 000平方米的生物园区,泥土、砂石、水池、野花野草、岭南果木、自种蔬果,无一不能成为我们的课程资源,学生亲近自然,在大自然中舒畅、快乐地学习,获得自然之香。

——课程即纵情学海。我们的校园里书声琅琅、香气四溢,孩子们在无边无际的知识海洋里,与大师对话、与高尚为伍、与经典为友、与博览同行,开拓视野,陶冶情操,师生的生命因为学习而更精彩,更厚重,获得现代文明之香。

——课程即情感体验。儿童是一个个鲜活的生命,是实实在在的人生旅行者。学习是他们人生旅途中重要的一部分,我们构建一个内涵丰富、更为广阔美好的学习环境,让孩子们体验各种经历,由此将知识以及其他各种可能转化为自身的经验,学会自我审视,内心互动,从而丰富情感,陶冶情操,生命成长,传承梅花精神的磨砺之芳香。

——课程即灵魂渗香。教育是生命潜移默化的过程,它需要生命的沉潜,需要春风化雨的教诲,并直抵孩子的灵魂。孩子们在有逻辑、多样化、多维度的课程体系中潜移默化地汲取知识,感受课程散发的浓浓香气,并陶醉其中,自觉地得意、得言、得法,获得内在生长的动力,学会与社会互动,懂得感恩与付出,成为一个个灵魂渗透出香气的天使,尽情地散发馥郁馨香。

总之,教育是一种灵魂留香的事业,课程的价值在于唤醒孩子们至真、至纯、至善的心灵,让每个孩子积累知识、提升技能和素养,实现自己的人生价值。因此,我们将学校课程模式命名为"芳香式课程"。

二 课程目标：学校课程框架的聚焦

1. 育人目标

每一个孩子都是带着香气的天使。我们的育人目标是：

正气：有梦想，能担当。

雅气：懂审美，有涵养。

灵气：爱学习，喜探究。

勇气：勤健身，乐生活。

大气：真性情，宽视野。

2. 课程目标

育人目标的实现要通过课程来达成，根据育人目标，我们设计了分年级段的课程目标，见表1：

表1 分年级段的课程目标

目标	维度	低年级	中年级	高年级
正气	有梦想	有梦想的概念和意识，初步有自己的人生理想。	树立自己的人生理想，懂得要为自己的梦想而努力。	坚持自己的人生理想，懂得规划自己的远期目标和近期目标，并付诸行动。
	能担当	遵守各项纪律，乐于助人，自己整理书包、衣物等，懂得自己事情自己做，做一名好孩子。	遵纪守法，乐于分担家务和班务，有公民意识，做一个好学生。	主动分担家务和班务，积极参与学校自主管理和社会实践活动，做个文明小公民。
雅气	懂审美	喜欢艺术活动，感受艺术活动给自己带来的愉悦情绪。	欣赏名家作品，感悟经典，有一定的欣赏美、鉴赏美的能力。	主动美化环境和生活，在各项实践活动中提高艺术修养，提高艺术方面的综合素养和能力，积累艺术文化底蕴，从而激发对艺术的热爱之情。
	有涵养	有礼貌，爱家人，尊师长，亲伙伴，有自信。	善表达，讲诚信，能宽容，会感恩。	善于与人沟通、分享、合作和交流，有一定的自我约束能力。

续表

目标\维度		低年级	中年级	高年级
灵气	爱学习	热爱学习,基本养成听说读写的良好习惯。	独立学习,形成浓厚的学习兴趣,能注重联系实际,有一定的学习技能和方法。	自主学习,保持浓厚的学习兴趣,有适合自己的学习技能与方法,能熟练地将所学运用于实践。
	喜探究	对事物有好奇心,能对日常常见问题提出"为什么"。	勤动手,多动脑,学习积极主动,对自己有自信,善于思考,能表达自己的感受和观点。	独立思考,有与他人不一样的解决问题的方法和策略。
勇气	勤健身	热爱运动,学习基本的身体活动方法和体育游戏,掌握基本体育与健康的知识和技能。	积极参与体育活动,体验活动乐趣,参加体育与健康活动时活泼开朗,团结合作、竞争进取。	科学参与体育锻炼,提高身体素质,有关注自己健康的意识,学会通过体育活动等方式控制情绪,熟练掌握一项体育技能。
	乐生活	热爱生活,对美好事物和生活有无限的向往。	热爱并关注生活,善于将好奇心转化为浓厚的兴趣,培养自己高雅的生活情趣和个人修养。	能从平凡小事中发现乐趣,体验情趣,有对美好生活的追求,乐观生活态度和健康向上的心理素质。
大气	真性情	活泼开朗,待人真诚。	诚实守信,善良勇敢,说真话,做实事。	言必信,行必果,直率诚恳,意志力强,坚毅果敢,爱憎分明。
	宽视野	善于观察生活,关注身边的人和事,有丰富的想象力。	关心国家大事,有旺盛的求知欲,举一反三,能提出新观点。	关心时事国际,思维新颖、独创,意志品质出众,有是非分辨的能力。

三 课程体系:学校课程框架的基质

1. 课程逻辑与结构

依据多元智能理论,我校在语言与交流、科学与探究、运动与健康、艺术与审美、社会与交往这五大类别设置一至六年级课程,让孩子们闻香向雅、沐香笃行,成长为全身洋溢着香气的小天使。

（一）课程逻辑

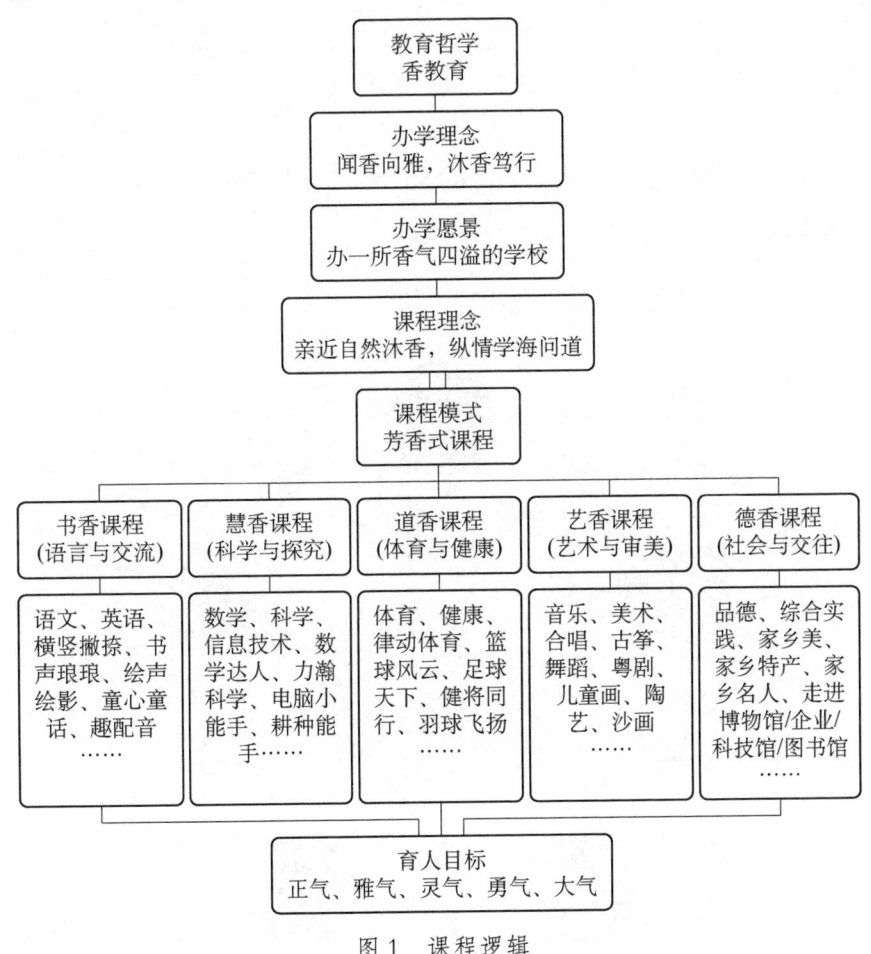

图1　课程逻辑

（二）课程结构

我们以"亲近自然沐香，纵情学海问道"为价值取向，努力将学校课程特色化、校本化，注重课程统整，形成品质课程。芳香式课程由"书香课程""慧香课程""道香课程""艺香课程"和"德香课程"构成。

（1）书香课程：语言与交流课程，包括语文、英语课程和学科拓展课程；

（2）慧香课程：科学与探索课程，包括数学、信息技术、科学课程和学科拓展课程；

（3）道香课程：体育与健康课程，包括体育课程和学科拓展课程；

（4）艺香课程：艺术与审美课程，包括音乐、美术课程和学科拓展课程；

（5）德香课程：社会与交往课程，包括品德、综合实践课程和学科拓展课程。

如图2所示：

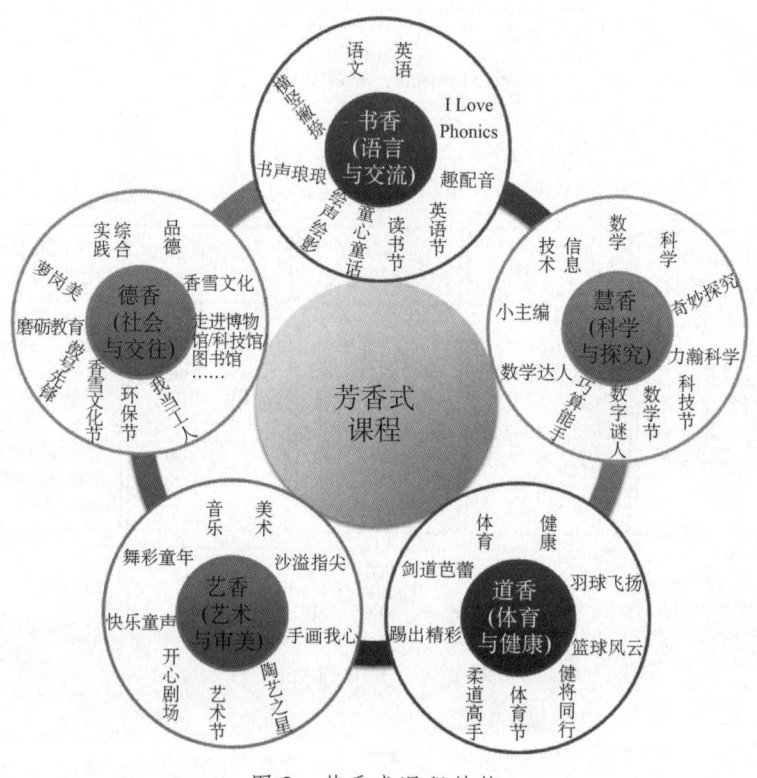

图2 芳香式课程结构

2. 课程设置

根据芳香式课程的逻辑与结构，我们除了落实国家课程外，还结合学校课程资源情况，开发校本课程，并按照年级水平进行设置，具体设置见表2—表7。

表2 一年级课程设置表

课程目标	课程维度	学期	课程安排	课程内容和要求
书香	语言与交流	一年级上学期	横竖撇捺	1.培养学生正确的书写姿势,养成认真的书写习惯;2.掌握汉字基本笔画的书写方法。
			书声琅琅	诵读《三字经》,初步感受中国传统文化博大精深的魅力,感悟国学经典中蕴含的"仁、义、诚、敬、孝"的道理,并在诵读中积累识字量。
			绘声绘影	阅读中外优秀绘本,养成良好的阅读习惯,培养阅读的兴趣和阅读的主动性。
			The Alphabet 我会读字母	1.学会大小写字母的笔顺及其相关字母组合;2.熟悉字母的念法及字母的相关单词;3.加深对字母形状的认识;4.区分容易混淆的字母。
		一年级下学期	横竖撇捺	1.培养学生正确的书写姿势,养成认真的书写习惯;2.掌握汉字基本笔画的书写方法。
			书声琅琅	诵读《读百诗,识千字》,初步感受古诗的韵律美,培养诵读兴趣,并在诵读中积累识字量。
			绘声绘影	阅读中外优秀绘本,用自己的语言讲述绘本故事,乐于与他人分享阅读。
			The Consonants 学学辅音的发音	1.掌握21个辅音字母的基本发音;2.运用书写来复习字母的字形;3.熟悉21个辅音的基本发音。
慧香	科学与探究	一年级上学期	我爱家乡	认识萝岗特产——萝岗水果,培养热爱家乡的情愫。
			耕作小能手	1.利用学校生物园资源,带学生认识时令的蔬菜;2.认识常用的耕作农具。
			环保小卫士	让学生掌握垃圾分类的知识,能正确根据垃圾分类的常识来处理日常生活中的垃圾,爱护环境。
			数学故事	通过读数学故事,帮助学生理解一些与生活相关的数学问题。
			找规律	探寻数学里面有趣的规律,如数字的规律、图形的规律、计算方法的规律。
			小小商店	运用人民币的知识开展实践活动。
		一年级下学期	我爱家乡	认识萝岗特产——萝岗水果,培养热爱家乡的情愫。
			耕作小能手	1.利用学校生物园资源,带学生认识时令的蔬菜;2.认识常用的耕作农具;3.了解科技给现代化农业带来的进步。
			环保小卫士	让学生掌握垃圾分类的知识,能正确根据垃圾分类的常识来处理日常生活中的垃圾,爱护环境。
			数学名家趣事	通过故事的形式让儿童爱上数学、亲近数学。

续表

课程目标	课程维度	学期	课程安排	课程内容和要求
			七巧板拼图	使用七巧板和立体图形进行创意拼搭,培养学生的空间想象能力和创造力。
			数学游戏乐园	根据学过的数学知识,运用骰子、扑克牌等开展数学游戏。
道香	运动与健康	一年级上学期	体育常识	1. 立正、稍息、集合、解散、踏步走、齐步走、广播操,认真上好体育课;2. 各种姿势的训练;如走、跑、跳、投,接触体育项目,发展身体素质。
			体育游戏	奔跑游戏、跳跃游戏、投掷游戏、小球类游戏,激发学生兴趣,了解体育锻炼方法和形式,提高身体素质。
		一年级下学期	律动体育	韵律操,形成简单的律动节奏,发展柔韧素质和协调素质。
			身体健康	"三防"小知识,养成安全意识,快乐成长。
艺香	艺术与审美	一年级上学期	音乐律动游戏	1. 体验不同情绪的音乐,能够自然流露出相应表情和体态反应;2. 聆听简短的儿童歌曲,能通过模唱、打手号、敲击乐器、律动等形式感受和表现音乐。
			打击乐	1. 认识各种打击乐器,并学会正确的演奏方法;2. 感受乐器的声音,能听辨常见打击乐器的音色,并能用已学的打击乐器奏出强弱、长短不同的音,能在乐曲中判断出各种乐器的音色。
			儿童画	通过由简到复杂的绘画步骤的训练,提高脑、手的协调能力,提高他们在观察、记忆、想象和创造等方面的能力,为将来具备丰富的审美情趣和高雅的艺术修养打好基础,也为后面学习陶艺打下一定的造型基础。
			黏土制作	1. 熟悉超轻黏土的特性,能构想各种形状和组合的方式,了解超轻黏土制作的基本方法;2. 结合学生生活实际,能用手捏法、泥条法制作小物品。
		一年级下学期	音乐律动游戏	1. 能够配合歌曲、乐曲用身体做动作;2. 能够与他人合作,进行律动、集体舞、音乐游戏、儿童歌舞表演等活动。
			打击乐	1. 认识简单的节奏符号,感知"X,XX,X-"三种节奏,学习节奏"XXXX",能够用双响筒、三角铁、蛙鸣器、木鱼等合奏或为歌曲做简单的伴奏;2. 能用声音、语言、身体动作表现简单的节奏,能用其他声音材料合奏或为歌曲伴奏;3. 感知节拍,能体验和感知二拍子和三拍子的拍律特点。
			儿童画	1. 让学生掌握正确的观察方法,从整体到局部,通过观察抓住事物的主要特征去认识对象;2. 培养学生的想象力和创造力,用美术特有的形式去表达学生自己的内心感受。
			黏土制作	1. 引导学生从立体的角度去认识、观察与欣赏事物,培养学生的想象能力。 2. 学习制作组合物体。

续表

课程目标	课程维度	学期	课程安排	课程内容和要求
德香	社会与交往	一年级	这是我家	初步认识到自己作为家庭一员的责任,要学会自理,还应该承担力所能及的家务活。
			一双小手	知道手的基本构造及手的灵巧关系。知道一双小手能做什么事,懂得自己动手做事,学会自己的事情自己做。
			家乡真美	通过自身实践感受家乡的自然风景、人文历史、风俗习惯等方面的美,为家乡骄傲,体会做家乡人的自豪。
			香雪文化节	1.识梅:利用班队会重温梅花的物理特性与精神品质,组织收集梅花资料,了解梅花的自然特性的活动;2.赏梅:通过梅花图片、梅花诗词、亲历香雪公园等活动赏梅。

表3 二年级课程设置

课程目标	课程维度	学期	课程安排	课程内容和要求
书香	语言与交流	二年级上学期	偏旁部首	1.继续培养学生正确的书写姿势,养成认真的书写习惯;2.进一步巩固汉字基本笔画的书写方法;3.掌握偏旁部首的书写技巧;4.初步了解汉字的间架结构。
			书声琅琅	诵读《声律启蒙》《笠翁对韵》,认识对子这一重要的古代文学形式,感受文字声韵格律的对仗特色,进一步提升识字量。
			童话童心	阅读《小巴掌童话》等微童话作品,初步感悟童话的表现方式,培养丰富的想象力和阅读童话的兴趣。
			The Short Vowels 短元音家族	1.掌握每个元音的基本发音;2.学会字母拼读;3.复习每个单元的内容;4.巩固元音。
		二年级下学期	偏旁部首	1.继续培养学生正确的书写姿势,养成认真的书写习惯;2.进一步巩固汉字基本笔画的书写方法;3.掌握偏旁部首的书写技巧;4.初步了解汉字的间架结构。
			书声琅琅	诵读《中华童铭》,通过诵读儿歌、童诗、童谣等,感受诗歌中的传统文化,展开想象,获得初步的情感体验。
			童话童心	阅读《安徒生童话》《格林童话》等经典童话故事,理解童话故事的人物特征。
			Word Family and Biends 元音组合家族	1.复习之前学过的短元音组合;2.掌握"混合音+短元音组合"的拼读技巧;3.熟悉每个组合的发音,加深学习印象。

续表

课程目标	课程维度	学期	课程安排	课程内容和要求
慧香	科学与探究	二年级上学期	小小法布尔	1. 认识动物学家法布尔；2. 认识常见的昆虫。
			力瀚科学	引进力瀚科学，学习更有趣的科学知识。
			耕作小能手	1. 知道我国的二十四节气令，了解二十四节气；2. 种植时令农作物，能在老师的指引下，运用耕作工具种农作物，懂得为农作物浇水、施肥、除草、除虫；3. 观察农作物的生长；4. 收获蔬菜，并举办成果分享会。
			环保小卫士	了解绿色低碳生活，创建绿色低碳校园，树立环保意识。
			数学知识多少	以教材的"你知道吗？"和活动课为主，比如在学完"认识时间"时介绍古代的计时工具，学完"认识长度"时开展"小测量家"活动，等等。
			扑克牌速算	运用扑克牌开展表内乘法口诀练习游戏，让枯燥的学习变得有趣。
			数学手抄报	通过介绍数学幽默、数学趣题以及数学故事等，学会以各种数学素材进行手抄报创作，感受数学的美。
		二年级下学期	小小法布尔	1. 继续认识常见的昆虫；2. 观察昆虫，了解昆虫的习性。
			力瀚科学	引进力瀚科学，学习更有趣的科学知识。
			耕作小能手	1. 继续了解二十四节气，知道节气对农民耕作的意义；2. 种植时令农作物，能在老师的指引下，运用耕作工具种植农作物，懂得为农作物浇水、施肥、除草、除虫；3. 观察农作物的生长；4. 收获蔬菜，并举办成果分享会。
			环保小卫士	了解绿色低碳生活，创建绿色低碳校园，树立环保意识。
			小小统计家	学习数据收集与整理，解决生活中的问题。
			小小设计师	运用对称、平移、旋转等知识设计桌布、墙纸等生活物品的美丽图案。
			推理大师	利用学生熟悉的生活素材设计富有趣味性的活动，培养逻辑推理能力。
道香	运动与健康	二年级上学期	体育常识	1. 向左、向右、向后转、看齐、报数、队形变化，强化学生良好的体育习惯；2. 快速走、快速跑、立定跳远、沙包掷远，初步掌握正确的姿势和方法，提高身体素质。
			体育游戏	1. 奔跑游戏、跳跃游戏、投掷游戏、小球类游戏，强化学生兴趣，提高身体素质；2. 多种方式的跳短绳，初步了解双脚跳绳和单脚跳绳，接触交叉跳、双飞跳，提高灵敏能力和综合素质。

续表

课程目标	课程维度	学期	课程安排	课程内容和要求
		二年级下学期	律动体育	韵律舞蹈,提高柔韧度和协调度。
			身体健康	个人安全与卫生,形成良好的学习生活习惯,健康快乐地成长。
艺香	艺术与审美	二年级上学期	音乐律动游戏	1.能够配合歌曲、乐曲用身体做动作;2.能够在律动、集体舞、音乐游戏、歌表演等活动中与他人合作。
			打击乐	1.学习各种打击乐器,知道乐器名称并学会正确的演奏方法;2.能够用唱片模唱简单乐谱。
			古筝	古筝入门第一课:1.确定课程计划;2.学习左右手四指各自的拨弦动作,让儿童通过古筝演奏接触与学习音乐;3.通过古筝演奏开展关于手部机能的初步有序的训练。
			陶艺	1.能学会利用压模成形法制作小作品;2.能学会利用泥条成形法制作平面作品;3.能利用学过的技巧制作简易的小动物。
		二年级下学期	音乐律动游戏	1.能够用简单的形体动作,如拍手、跺脚、走步、摆臂等参与感受音乐的节奏,在歌唱或聆听音乐时即兴地做动作;2.能够参与综合性艺术表演活动。
			打击乐	1.用打击乐器为歌曲伴奏;2.能创作出1—2种简单的节奏音型。
			古筝	古筝入门第二课:1.学习与掌握古筝演奏的基本指法,抹托与托抹等各种指法的组合,练习儿歌《丢手绢》;2.和音、和弦的演奏方法;3.乐理知识讲解。
			陶艺	1.能学会利用泥条成形法制作平面和立体的作品;2.能利用学过的技巧制作一些物品。
德香	社会与交往	二年级	我要当"爸妈"	了解父母养育自己的种种艰辛,明白孝敬父母的道理,从而激发学生的责任感。
			力所能及	学习做不会做的事情,培养学生做事用心、不怕困难、持之以恒的品质。
			家乡特产	1.让学生知道自己家乡都有哪些物产;2.了解这些物产的来历及特点;3.培养学生热爱家乡的情感。
			香雪文化节	1.寻梅:重温有关梅花的典故,结合"萝岗香雪"的文化底蕴,让学生知道广州人形成了冬至去萝岗赏"雪"的习俗;2.赏梅:通过梅花图片、梅花诗词、亲历香雪公园等活动赏梅;3.书梅:用不同字体,以毛笔、钢笔或铅笔等书写古今的咏梅诗词;4.画梅:以儿童画、国画、剪贴画和素描等方式描绘梅花傲霜向雪凌寒独俏的姿态;5.唱梅:将梅花的灵魂、梅花的精神用童声唱出来;6.摄梅:探究梅花的生活照片及特写照片。

表4 三年级课程设置

课程目标	课程维度	学期	课程安排	课程内容和要求
书香	语言与交流	三年级上学期	间架结构	1.比较熟练地书写汉字,做到字迹工整、美观,培养良好的写字习惯;2.掌握汉字的基本间架结构,提高书法审美。
			书声琅琅	以《日有所诵》为诵读文本,通过诵读古诗、儿歌、童诗等,领悟诗歌的语言美,了解大意,体会作品的思想情感。
			童话童心	阅读中外优秀童话故事,品味童话语言的表达特点,领悟童话故事的内涵。
			The Long Vowels 长元音家族	1.掌握元音组合与其他字母做拼读练习的方式和技巧;2.完成拼读和句型练习,让孩子轻松学习看词拼音;3.熟悉每个字母组合的发音,加深学习印象。
		三年级下学期	间架结构	1.比较熟练地书写汉字,做到字迹工整、美观,培养良好的写字习惯;2.掌握汉字的基本间架结构,提高书法审美。
			书声琅琅	诵读《读百家,诵千言》,初步认识和了解中国各时期代表性的贤哲大家的故事及其主要思想,积累名言名句,激发对诵读经典的兴趣。
			寓言鉴真	阅读中国古代寓言故事,《伊索寓言》《克雷洛夫寓言》等作品,了解寓言的文体特征,领悟寓言故事中蕴含的道理。
			More Words Family and Digraph 分离元音组合家族	1.掌握元音组合与其他字母做拼读练习的方式和拼读技巧;2.熟悉每个字母组合的发音,加深学习印象。
慧香	科学与探究	三年级上学期	走进科幻	1.认识科幻画;2.欣赏科幻画;3.初步学习制作科幻画。
			力瀚科学	引进力瀚科学,学习更有趣的科学知识。
			耕作小能手	1.种植时令农作物。能在老师的指引下,运用耕作工具种植农作物,懂得为农作物浇水、施肥、除草、除虫。2.观察农作物的生长,并作简单记录;3.收获成果,并举办成果分享会;4.撰写劳动成果或分享心得。
			我是时间小主人	合理安排一天的时间,制作生活作息计划表,懂得珍惜时间。
			数字编码	感受数字编码的魅力。
			有趣维恩图	利用集合思想解决实际问题。
		三年级下学期	走进科幻	1.欣赏科幻画;2.制作科幻画。
			养蚕小能手	1.认识蚕的生活习性;2.经历养蚕过程;3.分享养蚕心得。
			力瀚科学	引进力瀚科学,学习更有趣的科学知识。

续表

课程目标	课程维度	学期	课程安排	课程内容和要求
慧香	科学与探究	三年级下学期	耕作小能手	1.种植时令农作物。能在老师的指引下,运用耕作工具种植农作物,懂得为农作物浇水、施肥、除草、除虫;2.观察蔬菜的生长,并作简单记录;3.收获成果,并举办成果分享会;4.撰写劳动成果或分享心得。
			地图设计师	综合运用方向与位置以及平面图形等知识制作平面地图。
			估算大师	结合具体情境进行合理估算,培养生活中的估算估测能力。
			巧搭配	培养有序思考的良好思维品质。
			制作精美年历	运用年、月、日知识制作新一年的年历。
道香	运动与健康	三年级上学期	体育素质	短跑、长跑、跳远、垒球掷远,正确掌握技术动作,提高身体素质。
			校本特色	初步接触击剑、柔道运动,激发学生兴趣。
		三年级下学期	篮球风云	篮球基本知识、球性、原地运球、投篮、篮球游戏,了解篮球运动概况,基本掌握原地运球,激发学生对篮球运动的兴趣。
			心理健康	学会正确认识自我,培养学生的团队意识、合作意识。
艺香	艺术与审美	三年级上学期	古筝	古筝入门第三课:1.小撮、大撮;2.托劈与劈托、托连勾、连托、连;3.花指;上下滑音。
			舞蹈	1.舞蹈基本功训练;2.学习舞蹈小组合。
			管乐	1.培养良好习惯,如乐器管理、演奏习惯、聆听习惯等;2.乐理、识谱、视奏及吹奏等基本功训练。
			陶艺	1.在二年级的学习基础上变化泥条盘筑的方向和形式,制作花瓶、花篮、草帽等;2.练习拍打陶泥成泥板,制作鱼、盒、储蓄罐或用模具制作花盆。
		三年级下学期	古筝	古筝入门第四课:1.变音"4、7",加以练习巩固左手揉弦、按弦的演奏方法;2.左手揉弦、按弦的演奏方法。
			舞蹈	1.继续加强舞蹈基本功的训练;2.舞种的学习与了解:学习1—2个民族民间舞蹈组合。
			管乐	1.继续加强基本功训练;2.进行合奏排练,养成良好的乐团排练习惯。
			陶艺	1.运用搓、压、捏、团的方法塑造物体,并表现主要特征;2.进一步提高动手能力及想象力,能制作较为丰富的物体。

续表

课程目标	课程维度	学期	课程安排	课程内容和要求
德香	社会与交往	三年级	集体荣誉	1.知道自己生活在集体中,懂得爱班集体,喜欢过集体生活;2.乐意参加集体活动。
			动物的秘密	1.观察记录动物的特征;2.能用简单的表格统计、整理动物的食性等情况;3.能倾听他人的想法和建议,愿意与他人合作并交流想法。
			家乡名人	1.让学生了解家乡名人的思想、事迹和影响,激发他们奋发向上的精神;2.激发学生热爱自己家乡,为自己家乡做贡献的情感。
			香雪文化节	1.学梅:通过识梅、赏梅、寻梅,开展中队以"梅花精神伴我行"主题活动课,让学生学习梅花精神。2.赏梅:通过梅花图片、梅花诗词、亲历香雪公园等活动赏梅;3.写梅:颂梅、赞梅的作文或诗词评选;4.书梅:用不同字体,以毛笔、钢笔或铅笔等书写古今的咏梅诗词;5.画梅:以儿童画、国画、剪贴画和素描等方式描绘梅花傲霜向雪凌寒独俏的姿态。6.唱梅:将梅花的灵魂,梅花的精神用童声唱出来;7.摄梅:探究梅花的生活照片及特写照片。

表5 四年级课程设置

课程目标	课程维度	学期	课程安排	课程内容和要求
书香	语言与交流	四年级上学期	下笔有神	1.比较熟练地书写汉字,做到字迹工整、美观,培养良好的写字习惯;2.巩固汉字的基本间架结构,提高书法审美。
			书声琅琅	以《日有所诵》为诵读文本,感受诗歌丰富的情感世界,掌握一定的诵读技巧。
			故事乐园	阅读成语故事、神话故事、各种民间故事等,体会故事的趣味性,感受故事中丰富的想象。
			英语动画趣配音	1.通过给1—2分钟的短视频配音,让英语学习充满趣味;2.通过配音练习来学习英语、提高口语、提高听力。
		四年级下学期	下笔有神	1.比较熟练地书写汉字,做到字迹工整、美观,培养良好的写字习惯;2.巩固汉字的基本间架结构,提高书法审美。
			书声琅琅	诵读《论语》,认识和了解孔子及其主要思想,积累名言警句。
			故事乐园	阅读各种成语故事、神话故事、民间故事等,了解不同故事的表达特点,进行故事创编。

续表

课程目标	课程维度	学期	课程安排	课程内容和要求
			英语动画趣配音	1. 通过给1—2分钟的短视频配音,让英语学习充满趣味; 2. 通过配音练习来学习英语、提高口语、提高听力。
慧香	科学与探究	四年级上学期	走进科幻	制作科幻画。
			观鸟达人	1. 认识鸟的不同种类;2. 认识鸟的名字。
			耕作小能手	1. 种植时令农作物;能在老师的指引下,运用耕作工具种植农作物,懂得为农作物浇水、施肥、除草、除虫。2. 观察蔬菜的生长,并作记录;3. 认识常见的园林植物;4. 收获成果,并举办成果分享会;5. 撰写劳动成果或分享心得。
			科普悦读	1. 阅读科普类读物;2. 分享交流;3. 创作科普小故事。
			快乐数独	唯一解法技巧,基础屏蔽法技巧,区块屏蔽法技巧,唯余解法技巧。
			神奇的莫比乌斯带	通过思考操作、比较,发现莫比乌斯带魔术般的变化。
			优化思想	通过生活中沏茶、烙饼、田忌赛马等例子,合理运筹,探究最优对策。
			电脑小能手	电脑绘画(Windows画图软件):1. 熟练运用Windows画图软件进行美术的创作,提高学生的动手操作能力。2. 进一步培养学生的美术素养,提高审美能力、设计能力、想象能力与创造能力以及运用信息技术的能力。
		四年级下学期	走进科幻	制作科幻画。
			观鸟达人	1. 学会使用望远镜;2. 用望远镜观察鸟类;3. 分享交流汇报。
			耕作小能手	1. 种植时令农作物;能在老师的指引下,运用耕作工具种植农作物,懂得为农作物浇水、施肥、除草、除虫。2. 观察蔬菜的生长,并作记录;3. 认识常见的园林植物;4. 收获成果,并举办成果分享会;5. 撰写劳动成果或分享心得。
			科普悦读	1. 阅读科普类读物;2. 分享交流;3. 创作科普小故事。
			观察物体	平面几何的变换、三维空间的变换。
			营养午餐	了解健康知识,搭配合理营养午餐。
			鸡兔同笼	体验解决问题策略的多样性,培养逻辑推理能力。
			玩转二十四点	二十四点游戏的来历及规则介绍、解题技巧汇总、开展竞赛。
			电脑小能手	电脑绘画(Photoshop软件):了解和掌握Photoshop软件的基本操作以及各种工具的使用,能够利用软件创作和处理简单的图像。

续表

课程目标	课程维度	学期	课程安排	课程内容和要求
道香	运动与健康	四年级上学期	体育素质	短跑、长跑、跳远、垒球掷远,规范技术动作,了解竞赛要求,提高身体素质。
			校本特色	击剑、柔道,掌握简单的技术动作,发现学生体育特色。
			篮球风云	篮球行进间运球、变相运球、传球、三步上篮、篮球技战术,掌握篮球技术,了解篮球战术,提高学生对知识的运用能力,提高学生克服困难和团结拼搏的意志品质。
		四年级下学期	足球天下	足球概况、传接球、射门,掌握技术动作并能合理运用。
			心理健康	培养学生合作意识、团队意识,培养克服困难的意志品质。
艺香	艺术与审美	四年级上学期	古筝	古筝入门第五课:1.食指抹和拇指托的组合练习;2.欣赏古筝名曲。
			舞蹈	1.继续加强舞蹈基本功的训练;2.学习3个舞蹈组合,能较好地完成舞蹈动作,有较好的表现能力。
			管乐	1.继续加强基本功训练;2.进行合奏排练,养成良好的乐团排练习惯;3.排练一首合奏乐曲,能较好地完成作品。
			合唱	1.每周一歌:①注重唱歌的表情;②熟唱贴近少年儿童的歌曲。2.金歌擂台:①锻炼表演胆量;②提升歌曲表演力。
			陶艺	1.拍打陶泥,使其平、光后划切成抛物线形、三角形、多边形的泥板,在泥板上镂刻诗词、山水、竹树花,或用泥片制作围合有创意的作品。2.运用各种技法,制作车辆、军舰,捏制各种人物,充分运用学习中的计算方法裁切粘合成各种器皿,并修理光、平后刻上绘画、粘贴图案。
			版画	1.学习KT板版画的制作方法;2.制作小幅且简单的版画作品。
		四年级下学期	古筝	1.古筝入门第六课:左手颤线练习;2.古筝入门第七课:八度和音撮线练习。
			舞蹈	1.继续加强基本功的训练;2.学习2个舞蹈组合,能较好地完成舞蹈动作,有较好的表现能力;3.成品舞实践学习:排练成品舞参加学校的演出活动,积累演出经验。
			管乐	1.加强基本功训练,注重各声部之间的和谐;2.排练一首乐曲,参加学校以及各级演出和比赛活动,积累舞台演出经验。
			合唱	1.每周一歌:①培养热爱唱歌的激情;②熟唱贴近少年儿童的歌曲。2.金歌擂台:①锻炼表演胆量;②提升歌曲表演创造力。

续表

课程目标	课程维度	学期	课程安排	课程内容和要求
			陶艺	1.继续巩固拍打陶泥、泥板镂刻等制作技法；2.运用各种技法、制作方法的物体，并能继续简单的创作。
			版画	1.能在KT板上进行创作，画面丰富饱满；2.学习纸版画的制作方法，并制作简单的作品。
德香	社会与交往	四年级	争当小主人	1.培养学生的自理能力，养成坚持做力所能及家务活的行为习惯；2.培养学生做事用心、不怕困难、持之以恒的品质；3.为学校为班级争取荣誉。
			交通工具的家族	1.通过对交通工具的调查、观察，了解常见的各种交通工具，激发学生的求知欲；2.初步掌握活动调查的基本方法、调查内容、调查对象以及调查表的设计；3.通过社会实践，增强学生的合作意识和社会交往能力；培养学生团队精神和良好的科学态度、实践能力；形成具有良好的个性品质。
			家乡文化	1.了解家乡各方面的有关资料；2.能够理解家乡文化；3.懂得尊重家乡的风俗文化。
			香雪文化节	1.学梅：通过识梅、赏梅、寻梅，开展中队以"梅花精神伴我行"主题活动课，让学生学习梅花精神。2.赏梅：通过梅花图片、梅花诗词、亲历香雪公园等活动赏梅；3.写梅：颂梅、赞梅的作文或诗词评选；4.书梅：用不同字体，以毛笔、钢笔或铅笔等书写古今的咏梅诗词；5.画梅：以儿童画、国画、剪贴画和素描等方式描绘梅花傲霜向雪凌寒独俏的姿态；6.唱梅：将梅花的灵魂，梅花的精神用童声唱出来。7.摄梅：探究梅花的生活照片及特写照片。

表6 五年级课程设置

课程目标	课程维度	学期	课程安排	课程内容和要求
书香	语言与交流	五年级上学期	颜骨柳筋	1.比较熟练地书写汉字，做到字迹工整、美观，培养良好的写字习惯；2.通过欣赏优秀作品，引导临摹和创作，激发孩子的学习兴趣。
			书声琅琅	诵读《读百书，志千载》，初步认识和了解中国各时期代表性的经典作品，培养学生热爱和探索经典的习惯。
			小说大观	阅读中国古代小说名著《三国演义》《水浒传》等，认识小说的文体特征，体会小说故事情节的变化。
			英语电影片段配音	1.在学生已有基础上拓展其词汇量，学习地道的英语语言；2.让学生了解西方文化，从生活体验、艺术享受、文化熏陶等方面培养其跨文化交际的能力；3.让学生在实践中明白团结协作的重要性，乐于与他人合作，养成和谐与健康向上的品格。

续表

课程目标	课程维度	学期	课程安排	课程内容和要求
		五年级下学期	颜骨柳筋	1.比较熟练地书写汉字,做到字迹工整、美观,培养良好的写字习惯;2.通过欣赏优秀作品,引导临摹和创作,激发孩子的学习兴趣。
			书声琅琅	以《日有所诵》为诵读文本,通过语调、韵律、节奏等体会作品的内容和情感,会欣赏和尝试儿童诗创作。
			小说大观	阅读中外优秀小说,以儿童小说为主,从小说环境、人物、情节三要素入手,品味小说的特色,体会小说的思想内涵,发表自己的阅读体会。
			英语电影片段配音	1. 在学生已有基础上拓展其词汇量,学习地道的英语语言;2. 让学生了解西方文化,从生活体验、艺术享受、文化熏陶等方面培养其跨文化交际的能力;3. 让学生在实践中明白团结协作的重要性,乐于与他人合作,养成和谐与健康向上的品格。
慧香	科学与探究	五年级上学期	桥梁工程	1.认识世界桥梁专家;2.认识世界著名的桥梁;3.制作桥梁模型。
			气象观察员	1.认识地理与气象;2.利用校园气象监测站监测本地气象,并作记录;3.认识环境与气象的关系,呼吁保护环境。
			耕作小能手	1.种植时令农作物。能在老师的指引下,运用耕作工具种植农作物,懂得为农作物浇水、施肥、除草、除虫。2.观察蔬菜的生长,并作记录;3.认识常见的路边植物;4.收获成果,并举办成果分享会;5.撰写劳动成果或分享心得。
			生活中的数学日记	解决生活中的数学问题。
			可能性	通过摸球、掷硬币游戏,设计公平游戏。
			植树问题	培养分析、思考、解决问题的能力。
			我爱创造	青少年3D打印:1.以信息化技术为手段,促进学生对新科技新技术的兴趣;2.通过创意思维的培养,激发孩子的创新潜能,激发学生的创造力,培养学生的动手能力和创造性思维的能力;3.培养学生工程化设计和计算机制图的能力。
		五年级下学期	桥梁工程	1.认识世界桥梁专家;2.认识世界著名的桥梁;3.制作桥梁模型。
			气象观察员	1.认识地理与气象;2.利用校园气象监测站监测本地气象,并作记录;3.认识环境与气象的关系,呼吁保护环境。
			耕作小能手	1.种植时令农作物。能在老师的指引下,运用耕作工具种植农作物,懂得为农作物浇水、施肥、除草、除虫;2.观察蔬菜的生长,并作记录;3.认识常见的路边植物;4.收获成果,并举办成果分享会;5.撰写劳动或分享心得。

续表

课程目标	课程维度	学期	课程安排	课程内容和要求
			探索图形	通过观察、列表、想象等方式探索、发现图形分类计数问题的规律,培养学生的空间想象力。
			打电话、找次品游戏	发现事物隐含的规律,培养学生的观察、分析、归纳推理能力,渗透优化思想。
			数学手抄报评比	解决生活中的数学问题。
			电脑小编辑	电子报刊:1.了解电子报刊的基本组成要素。激发学生对电子报刊这一信息传播媒体的兴趣;2.掌握 Word、PowerPoint 等软件的基本操作技能,提高学生的个人信息素养;3.提高学生收集信息、处理信息的能力以及综合运用已掌握的信息技术的能力解决自身存在中所遇到信息问题的能力;4.培养学生的创造力、想象力与沟通、合作能力以及审美意识和创新意识。
道香	运动与健康	五年级上学期	体育素质	短跑、长跑、跳远、垒球掷远,规范技术动作,了解竞赛要求,提高身体素质。
			羽球飞扬	羽毛球步法、发球、接发球、高远球、吊球、杀球,基本掌握羽毛球的技术动作,并能用于实战。
			校本特色	击剑、柔道,规范技术动作,了解比赛规则,发展学生体育特色。
		五年级下学期	健将同行	强化田径、篮球、足球、羽毛球、击剑、柔道教学,并结合体育兴趣班,培养体育特长生。
			身心健康	学生了解自我、完善自我,培养学生积极乐观、健康向上的生活态度。
艺香	艺术与审美	五年级上学期	古筝	古筝提高班:1.八度和音摄线练习;2.套指奏法练习。
			舞蹈	1.继续加强基本功的训练;2.学习 2 个舞蹈组合,能较好地完成舞蹈动作,有较好的表现能力;3.成品舞实践学习:排练成品舞蹈参加学校的演出活动,积累演出经验。
			管乐	1.加强基本功训练,注重各声部之间的和谐;2.排练一首乐曲,参加学校以及各级演出和比赛活动,积累舞台演出经验。
			合唱	1.每季一歌:①强化声部概念;②学习二声部歌曲。2.校园唱游:①合唱加强协作能力;②提升合唱审美能力。
			版画	1.学习巩固纸版画的制作技法;2.练习制作较大幅的纸版画作品。
			沙画	1.学会手对沙的流量和力度的控制;2.再练习一些基础手法,并有目的地尝试绘制简单图形,最终能完成一些简单的沙画。

续表

课程目标	课程维度	学期	课程安排	课程内容和要求
		五年级下学期	古筝	古筝提高班：1.八度和音琶线练习；2.套指奏法练习。
			舞蹈	1.继续加强基本功的训练；2.学习2个舞蹈组合，能较好地完成舞蹈动作，有较好的表现能力；3.成品舞实践学习：排练成品舞蹈参加学校的演出活动，积累演出经验。
			管乐	1.加强个人基本功训练，注重各声部之间的和谐；2.在上学期的基础上排练一首乐曲，参加演出和比赛。
			合唱	1.每季一歌：①训练和谐的二声部美感；②学习合唱的技巧。2.校园唱游：①让全校师生体味合唱的魅力；②提升合唱表现力。
			版画	1.学习套色版画的制作方法；2.结合两种版画制作方法，创作版画作品。
			沙画	1.进一步学习沙画的表现手法；2.尝试绘制较为完整的简单沙画。
德香	社会与交往	五年级	家乡的变化	1.通过调查、访问、参观、交流、讨论等多种方式，了解感受家乡的变化发展；2.增强社会责任感，促进学生社会化；3.进一步激发对家乡的热爱之情，对党的改革开放政策的拥护之情。
			生命之源	懂得节约用水，珍惜、爱护水源，纠正不良的用水习惯，并能自觉督促他人节约用水，保护水资源。
			社区服务	1.懂得何谓善、恶、美、丑，掌握正确的是非评价标准。养成良好道德行为习惯，形成健康的人格和良好的心理、生理素质；2.养成俭朴，文明礼貌，尊老爱幼，遵纪守法，保护环境的道德行为习惯；3.形成健康的人格和良好的心理、生理素质，使学生的整体素质得到提高；4.培养社会生活能力，发展个性品质，体验道德准则并规范自身的行为。
			香雪文化节	1.学梅：通过识梅、赏梅、寻梅，开展中队以"梅花精神伴我行"主题活动课，让学生学习梅花精神；2.赏梅：通过梅花图片、梅花诗词、亲历香雪公园等活动赏梅；3.写梅：颂梅、赞梅的作文或诗词评选；4.书梅：用不同字体，以毛笔、钢笔或铅笔等书写古今的咏梅诗词；5.画梅：以儿童画、国画、剪贴画和素描等方式描绘梅花傲霜向雪凌寒独俏的姿态；6.唱梅：将梅花的灵魂，梅花的精神用童声唱出来；7.摄梅：探究梅花的生活照片及特写照片。

表7 六年级课程设置

课程目标	课程维度	学期	课程安排	课程内容和要求
书香	语言与交流	六年级上学期	博采众长	1.能熟练地书写汉字,养成良好的写字习惯,形成书写风格;2.楷书和行书笔画结构布置的学习。
			书声琅琅	诵读《孟子》,认识和了解孟子及其主要思想,初步体会儒家文化的特色及其在中国传统文化中的地位。
			名人传记	阅读中外名人传记,了解名人故事,拓宽阅读视野。联系实际,交流自己的阅读感悟。
			英文电影片段配音	1.在学生已有基础上拓展其词汇量,学习地道的英语语言;2.了解西方文化,从生活体验、艺术享受、文化熏陶等方面培养其跨文化交际能力;3.在实践中明白团结协作的重要性,乐于与他人合作,养成和谐与健康向上的品格。
		六年级下学期	博采众长	1.能熟练地书写汉字,养成良好的写字习惯,形成书写风格;2.楷书和行书笔画结构布置的学习。
			书声琅琅	以《日有所诵》为诵读文本,学会独立赏析读本,自读自悟,领会作品的情感内涵。
			散文拾贝	阅读名家散文作品,初步了解散文的文体特征,感悟散文的语言特色,加深对语言文字的理解,体会作品的思想内涵。
			英文电影片段配音	1.在学生已有基础上拓展其词汇量,学习地道的英语语言;2.了解西方文化,从生活体验、艺术享受、文化熏陶等方面培养其跨文化交际能力;3.在实践中明白团结协作的重要性,乐于与他人合作,养成和谐与健康向上的品格。
慧香	科学与探究	六年级上学期	无线电测向	1.认识无线电测向知识;2.完成无线电测向小实验。
			浩瀚宇宙	1.认识宇宙、星象;2.用望远镜观察宇宙星象。
			耕作小能手	1.种植时令农作物。能在老师的指引下,运用耕作工具种植农作物,懂得为农作物浇水、施肥、除草、除虫;2.观察蔬菜的生长,并作记录;3.认识常见的园林植物;4.收获成果,并举办成果分享会;5.撰写劳动成果或分享心得。
			确定起跑线	学会综合运用圆的知识计算并确定环形跑道的起跑线,体会抽象推理等数学思想。
			节约用水	通过测量等操作活动,经过计算及统计推断,了解和认识日常生活中水资源的浪费情况,积累节约用水方法。
			数与形	利用数形结合的数学思想,使复杂问题简单化,使抽象问题直观化。
			数学与人文	提供"黄金比"以及多个"你知道吗?""生活中的数学""古代数学家的故事"等素材,培养学生学习数学的兴趣,体会数学的文化价值。

续表

课程目标	课程维度	学期	课程安排	课程内容和要求
慧香	科学与探究	六年级上学期	电脑小高手	影音制作：1.能够熟练运用工具软件对图片、音频、视频素材进行处理和整合，制作出自己的电子相册、MTV、微电影等影音作品，从而提升学生对多媒体制作的兴趣，满足学生对多媒体创作的基本意愿；2.培养学生拓展使用计算机解决实际问题的能力，使学生掌握多媒体知识，培养一定的艺术素养和自主学习的能力。
		六年级下学期	无线电测向	1.认识无线电测向知识；2.完成无线电测向小实验。
			浩瀚宇宙	1.认识宇宙、星象；2.用望远镜观察宇宙星象。
			耕作小能手	1.种植时令农作物。能在老师的指引下，运用耕作工具种植农作物，懂得为农作物浇水、施肥、除草、除虫；2.观察蔬菜的生长，并作记录；3.认识常见的园林植物；4.收获成果，并举办成果分享会；5.撰写劳动成果或分享心得。
			生活中的百分数	灵活运用知识解决有关分率和百分率的实际问题。捕捉生活中的数学现象，挖掘数学知识的生活内涵，解读小学数学与生活中的理财知识的内在联系，让学生从小树立生活理财的观念，培养学生理财的能力。
			自行车里的数学	通过发现、解决自行车中的数学问题，感受数学与生活的广泛联系。
			鸽巢问题（抽屉原理）	增强对逻辑推理、模型思想的体验。
			数学综合实践	开展"绿色出行、广州五日游""邮票中的数学问题""有趣的平衡"等一系列实践活动，提高综合应用数学知识和方法解释生活现象、解决生活实际问题的能力。
道香	运动与健康	六年级上学期	体育素质	短跑、长跑、跳远、垒球掷远，规范技术动作，了解竞赛要求，提高身体素质。
			乒乓同盟	乒乓球的规则和发、接发球等技术动作，基本掌握技术和练习方法，提高身体素质。
			校本特色	击剑、柔道，能熟练运用技术动作，了解比赛规则，发展学生体育特色。
		六年级下学期	健将同行	强化田径、篮球、足球、羽毛球、击剑、柔道教学，并结合体育兴趣班，培养体育特长生。
			身心健康	学生了解自我，完善自我，培养学生积极乐观、健康向上的生活态度。

续表

课程目标	课程维度	学期	课程安排	课程内容和要求
艺香	艺术与审美	六年级上学期	古筝	古筝提高班：1.花指与刮奏练习；2.欣赏古筝名曲。
			舞蹈	1.继续加强基本功的训练；2.学习2个舞蹈组合，能较好地完成舞蹈动作，有较好的表现能力；3.成品舞实践学习：排练成品舞蹈，参加学校的演出活动，积累演出经验。
			管乐	1.加强个人基本功训练，注重各声部之间的和谐；2.在上学期的基础上排练一首乐曲，参加演出和比赛。
			合唱	1.每期一歌：①学会演唱一首大作品；②展示合唱的魅力。2.校外展示：①感受合唱和声之美；②进行艺术带的处理。
			沙画	1.练习沙画表现手法；2.尝试表现几幅连贯的沙画。
		六年级下学期	古筝	古筝提高班：1.花指与刮奏练习；2.欣赏古筝名曲。
			舞蹈	1.继续加强基本功的训练；2.学习2个舞蹈组合，能较好地完成舞蹈动作，有较好的表现能力；3.成品舞实践学习：排练成品舞蹈，参加学校的演出活动，积累演出经验。
			管乐	1.加强个人基本功训练，注重各声部之间的和谐；2.在上学期的基础上排练一首乐曲，参加演出和比赛。
			合唱	1.每期一歌：①丰富一首大作品；②展示综合素质。2.校外展示：①感受室外合唱和声之美；②轻松驾驭作品。
			沙画	1.能创作简单的沙画；2.能较为熟练地表演连贯、简单的沙画故事。
德香	社会与交往	六年级	走出家乡	通过对资料的搜集、整理、分类，充分发挥学生的主动性，学会合作、交往、分享，促进学生综合实践能力、探究能力的发展。
			走进博物馆	1.引导学生理解博物馆的功能，尤其是博物馆在保护人类的历史、文化与艺术遗产方面所具有的独特价值；2.帮助学生树立起尊重文物、尊重历史的观念，激发学生的民族自豪感和对本土文化的认同。
			萝岗情——钟氏家族	1.懂得不同时代下有血缘关系的家庭组成家族，家族成员之间的关系、家族组成的形式等社会基本常识；2.学会利用收集的资料、文献等，为自己调查研究所用；3.正确认识自己的家族，树立正确的价值观和人生观；4.激发学生尊重长辈、孝敬亲人、热爱家庭的情感。
			香雪文化节	1.学梅：通过识梅、赏梅、寻梅，开展中队以"梅花精神伴我行"主题活动课，让学生学习梅花精神。2.赏梅：通过梅花图片、梅花诗词、亲历香雪公园等活动赏梅。3.写梅：颂梅、赞梅的作文或诗词评选。4.书梅：用不同字体，以毛笔、钢笔或铅笔书写古今的咏梅诗词。5.画梅：以儿童画、国画、剪贴画和素描等方式描绘梅花傲霜向雪凌寒独俏的姿态。6.唱梅：将梅花的灵魂、梅花的精神用童声唱出来。7.摄梅：探究梅花的生活照片及特写照片。

四　课程实施：学校课程框架的推进

我们努力践行"闻香向雅，沐香笃行"办学理念，在课程实施与评价中努力培养有梦想、能担当，懂审美、有涵养，爱学习、喜探究，勤健身、乐生活，真性情、宽视野，灵魂有香气的少年。

(一) 构建"醇香课堂"，落实学科基础课程

(1) "醇香课堂"的要义与操作

"醇香课堂"应该是教学相长的课堂。课堂上，教师是学生的引导者，带领学生活动、实践、体验、探索学习。学生是学习的主人，孩子们在课堂里拥有充分展现自我的机会，舒展个性，增长智慧。我们努力践行"亲近自然沐香，纵情学海问道"的课程理念，打造生长、立体、丰满、灵动、多元、陶醉的"醇香课堂"。

教学目标：生长。关注学生的生命成长，充分考虑学生的需求，尊重学生的个体差异，贴近学生的实际需要，有效促进学生的可持续发展，焕发学生的生命活力。

教学过程：立体。教学是教与学的交往，教师与学生分享彼此的思考、经验、观点，交流彼此的情感体验，教学应该是师生互助、互惠、共享的关系。

教学内容：丰满。根据学生的实际水平和认知特点，做好教学资源的"加减法"，突出教与学的重难点，做到教学内容多样化、循环化、生活化。

教学方法：灵动。具体表现为一种教与学的状态和方法，教师要根据教学内容、教学目的、教学对象和实际条件、个人的教学风格和特长等，灵活地综合运用和优化整合各种教学方法和手段，注重学生学习方法和策略的有效指导，用活教材、教活学生、激活课堂。

教学评价：多元。教学评价要以促进学生的全面发展为目标，倡导多元的评价主体(教师自评、学生自评、同伴评价、家长评价)，既关注学习过程又关注学习

结果,强调课堂学习评价的同时,关注课内外多种形式学习活动的开展,注重过程性评价和总结性评价的和谐统一。

教学文化:陶醉。课堂教学应如流连于满园花香,师生们乐在其中,香气弥久,萦绕心头。

(2)"醇香课堂"的评价标准

根据国家课程各学科的课程标准,按照"芳香式课程"的目标,制定适合校本化的"醇香课堂"评价标准。

萝峰小学"醇香课堂"评价表

醇香课堂之维度		醇香之源	醇香之度数	自评	同伴评	学校评
教学目标	生长	1. 目标明确,符合学科特点和学生实际; 2. 目标设置符合知识与技能、过程与方法、情感与态度价值观、能力与素质; 3. 教学定位于学生的可持续发展。	15			
教学内容	丰满	1. 教学容量适度,丰富拓展资源; 2. 重难点把握准确,有所突破; 3. 关注学生学习经验和认知水平; 4. 课堂练习设计有梯度、确实达到巩固新知的效果。	20			
教学过程	立体	学生	1. 精神饱满,坐姿端正,遵守课堂要求; 2. 思维活跃,多种感官参与学习过程; 3. 积极参与动手、合作、探究活动; 4. 自信、大胆地展示自我,乐于分享; 5. 认真倾听他人的意见并进行正确的评价,勇于提出自己的观点; 6. 认真完成课堂练习,及时纠正错漏。	25			
		教师	1. 以学生为主体,设计教学环节; 2. 创设自主、探究、合作的学习情境,引导学生参与课堂活动; 3. 关注每一个学生的发展,及时考察学生的学习情况; 4. 选择有效的教学手段和方法; 5. 对学生进行学法指导,鼓励学生分享学习成果,帮助学生活动成功体验; 6. 具有感染力,教学深刻、生动、形象,有自己的教学特色和风格。	25			
教学文化	陶醉	1. 课堂学习氛围浓郁,教学目标达成率高; 2. 不同层次的学生能感受到成功的欢乐,有不同的收获。	15			

续表

醇香课堂之维度	醇香之源		醇香之度数	自评	同伴评	学校评
教学评价	多元	醇香（90分以上） ✿✿✿✿✿	评语：			
		馨香（80—90分） ✿✿✿✿				
		清香（60—79分） ✿✿✿				
		淡香（60分以下） ✿				

（二）建设"特色学科"建设，推进拓宽延伸课程

（1）"特色学科"建设路径

"特色学科"建设是基于课程目标，在课程功能和价值认同的基础上，建立自己学科的发展方向，从"学科理念、学科课程、学科目标、学科教学、学科学习、学科团队"等方面制定学科建设方案，通过特色学科的建设，培养和发展学生的兴趣，激发学生的潜能，促进学生个性和谐发展，为学生积累更加宽泛的知识与经验、能力与方法。

首先，要有学科课程群。要充分发挥和挖掘教师的自身特长，以所授科目为原点设计特色学科，在国家课程的基础上进行拓展与延伸，开发拓展性的小课程，形成"1+X学科课程群"，使各个学科各具特色。特色学科的课程开发，要坚持以学生发展为本的原则，教师设计的课程和引进的课程能够成为真正意义上的一门课程，必须要经过认证、评定，才能走进课堂。

其次，要有学科理念和学科文化。要根据本学科的核心素养要求和培养目标，以学生为本，结合教研组实际，全体组员共同研讨，确立本学科理念和学科文化，形成科组的行动指南和纲要。

再有，加强团队建设。科组内的专家型、骨干型教师要起到示范引领作用，教研组长善于协调、调动组员积极性，全体组员有良好的职业道德，较强的奉献精神和团队合作意识，利用各级教研、培训等平台积极参加各级各类研讨交流活动，争取更多的教师展示自我，在实践中得到锤炼，共同在学习中提高，在探索中成长。

第四，加强课堂教学改革。科组内各教师在提升教学质量的同时要着眼于学生的全面发展，教师必须从传授知识的角色向教育促进者转变，强调课堂教学必须是师生互动、生生互动、相互合作、积极参与的动态过程。要善于把学生的个人知识，直接经验，生活世界看成重要的课程资源，要让学生带着自己的知识、经验、思考、灵感、兴致参与课堂活动，建立和形成旨在充分调动、发挥学生主体性的学习方式，使学习过程更多地成为学生发现问题、分析问题、解决问题的过程。

最后，要注重教学研究。教师要确立个人的"教学主张"，提出个体发展目标，做一名有思想见解的教师，强化"问题"即课题的意识，基于教学主张，有本学科的研究课题，积极开展教学研究。

(2)"特色学科"评价方案

特色学科建设是落实学校教学常规工作，进行学科教学管理和开展教学研究以及培养教师的重要载体，它影响并决定着学校发展的水平和特色，是学校提高教育教学质量和教科研水平的基础。

特色学科建设要让每一位教师在学科组中找准自己的位置，确定自己成长的方向，形成自己的教学风格，在学科组中贡献自己的教育智慧，进而实现学科组内"人人能担当，个个成高手"，形成一个强有力的团队，共同提高、共同成长。

萝峰小学特色学科评选标准

生香之维度		生香之源	生香之度	自评	审评	备注
团队文化建设	1	有先进的学科教学理念，在组员中有高度的认同感。	5			
	2	团队中有骨干教师示范引领，有学习交流平台和资料积累。	5			
	3	全体组员有良好的职业道德，有奉献精神，每年组织学科节活动。	5			
	4	教学研究氛围浓厚，教研组长善于协调、调动组员积极性、能客观公正评价组员的工作。	5			
常规工作	5	有特色学科建设行动研究方案和阶段目标达成计划，阶段研究项目目标明确，内容详实，突出问题解决的计划性和时效性。	5			
	6	学科教研组长能及时传达落实教研室及教导处有关课改精神，组员积极参与。	5			

续表

生香之维度		生香之源	生香之度	自评	审评	备注
常规工作	7	教研活动具有主题、计划性、针对性强，组员主动积极参加研讨活动，有过程性记录。	5			
	8	重视各层次学生的辅导工作，有学法指导的举措和成效。	5			
	9	积极开展主题式学习研讨，每位教师担任一次主题学习的主讲，组内成员必须发现一个亮点，提出一点建议，呈现一个观点。	5			
	10	积极参加各级教学研讨活动，每位教师听课不少于10节，教研组长听课不少于15节，并且有主题评课内容。	5			
	11	每位教师围绕教学主张，至少设计和执教一堂高质量的教学研究课。	5			
教学研究	12	学科教研组有研究课题，强化"问题"即课题的意识，每学年有一次校级主题论坛交流展示。	5			
	13	组内教师能基于主张、学科特点和学生需求，开发校本课程或设计若干课时的微课。	5			
	14	积极承担或参与市、区级各类培训与研讨活动，重视校际交流与合作，有具体措施，成效显著。	5			
成果体现	15	学科组研究成果在校级以上成果评选中获奖，组内教师研究成果在区级以上报刊发表或竞赛获奖（含教育学会）。	5			
	16	组员承担区级或以上研讨课教学任务，或在区级以上课堂教学评比中获奖。	5			
	17	教师开发的校本教材正式发表，并在区级及以上教材评比中获奖。	5			
	18	学科教师在各级教师技能比赛中取得优异成绩，或获评岗位能手等荣誉。	5			
	19	能指导学生开展各种技能竞赛或组织课外活动取得优异成绩或产生区域影响。	5			
特色加分	20	学科教研组在某方面形成鲜明特色，承担区级或以上特色展示，经验辐射效果显著。	5			
生香特色科组(80分以上)				❀❀❀❀❀		
添香特色科组(60分—79分)				❀❀❀		

(三) 做活"课程整合",落实专题聚焦课程

(1) 课程整合的主题运营

因拥有著名的历史名胜"萝岗香雪"而得名的香雪公园与学校相距不足2公里,是学校的历史文化渊源所在。学校要利用香雪公园及其周边的玉岩书院、萝峰寺等景点群的自然风光、历史人文资源,开发出融合语文、数学、英语、音乐、美术、信息、科学、综合八大学科的校本课程——香雪园,让学生在多学科整合的课程中,从不同学科进行多角度、多层面的学习,使学生了解"萝岗香雪"的自然、人文、历史等知识,在体验经历中,提高观察、审美、创造、解决实际问题等方面的能力,培养学生热爱自然、热爱家乡的情感。

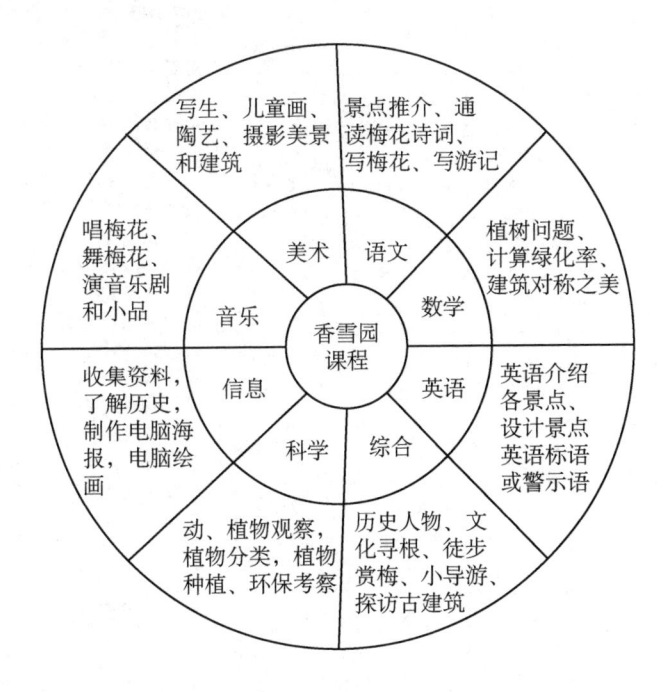

(2) 主题教育的聚焦落实

根据学校德育特色——磨砺养成教育,结合学校的课程实际和孩子身心发展的特点,从学习教育、纪律教育、礼仪教育、服务教育、安全教育、卫生教育、磨砺教

育七个方面,在一至六年级制定了具体的主题课程内容,培养学生良好的行为习惯和道德品质,同时整合学校周边的黄埔区图书馆、NBA演艺中心、黄埔区科技馆等场馆资源和LG、益力多、万绿达等企业资源,进行多学科、多活动的整合,促进学生的全面健康成长。

萝峰小学主题教育课程设置

年级	课程安排	课程内容	评价方式
一年级	我是小学生	1.开学啦 2.识国旗,唱国歌 3.上课了,你准备好了吗? 4.从小养成好习惯 5.学习要专心 6.上下楼梯守秩序 7.我有"七个好朋友" 8.认真上好课 9.不作"邋遢"猫 10.你今天锻炼了吗? 11.我会学,我能行 12.妈妈的好帮手 13.讲究饮食卫生 14.过马路要注意安全 15.走进大自然 16.小小种植家 17.开笔礼	养成教育不是教出来的,核心在磨砺,重心在养成,方法重训练,活动是基本形式,检查侧重效果。要加强检查督促,以评价促养成。磨砺养成教育是一项需要长期坚持不懈的工作,定期检查,适时评比,是解决懈怠或流于形式的重要措施。 1. 每月定期检查校本教材的备课,注重老师的教学过程、教学评价及教学反思,并保证每两个星期一次校本教研活动,探讨课程的教学模式及评价标准。 2. 建立督查机制,坚持自评、互评、师生共评和家长参评等多种形式。要通过召开学生座谈会、检查班务日志、行政随机抽查等形式进行督查,保障活动的有效开展。 3. 评价依据"磨砺养成教育"的教育点,充分利用《中小学生素质评价报告册》,按照相关要求,分解责任目标,注重养成过程,根据学生在学校、社区和家庭三方面表现,由教师、学生、家长及社区定期对学生行为习惯的表现做出综合评价,及时树立典型,表彰先进,对行为习惯较差的学生及时矫正不良习惯,通过多种方法强化行为,使其得以健康发展。 4. 在中队、班级中评选出好习惯、文明中队、班级(每月)。结合学期综合表现,评选出优秀中队和优秀辅导员、优秀班主任(每学期评一次)。 5. 表彰优秀个人和集体,推动好习惯教育活动向纵深发展,由养成生活好习惯推向养成学习好习惯和社会好习惯,把学生的好习惯进一步推广到家庭、社会。
二年级	我是少先队员	1.就是要有勇气 2.独立完成作业 3.集队快静齐 4.教师敬队礼 5.时间老人的话 6.食不言,寝不语 7.爱护心灵之窗 8.环保小天使 9.劳动有苦也有乐 10.环保"小卫士" 11.提防"无牙老虎" 12.不做早鸭子 13.游泳要注意安全 14.这样做对吗? 15.走进体育馆 16.小小种植家 17.入队仪式	
三年级	不一样的我	1.爱问为什么 2.我会做 3.优秀作业人人夸 4.管住自己 5.我是班级小主人 6.跟浪费说"再见" 7.文明礼貌训练营(一) 8.不玩危险游戏 9.健康小贴士 10.几个特殊电话号码 11.高空掷物很危险 12.爱读书,读好书 13.我们的"11路车" 14.失败是成功之母 15.走进图书馆 16.小小种植家	
四年级	我10岁啦	1.细心能得到好成绩 2.阅读是把金钥匙 3.自己的事情自己做 4.学校洗手间变了样 5.注意饮食健康 6.爱护公物我有责 7.生活小能手 8.亲亲大自然 9.文明出行真快乐 10.文明礼貌训练营(二) 11.安全用电 12."污染"就在身边 13.给知心姐姐的信 14.我是EQ小主人 15.走进科技馆 16.小小种植家	

续表

年级	课程安排	课程内容	评价方式
五年级	小小少年	1.大胆说出自己的见解　2.学会礼让　3.学会预习、归纳、整理　4.待人接物讲礼仪　5.作文要积累素材　6.就餐礼仪讲究多　7.在图书馆里　8.安全使用煤气　9.不去网吧　10.从小学会理财　11.职务是我们的朋友　12.坚持到底　13.在灾难面前　14.锻造一颗坚强的心　15.走进企业　16.小小种植家	
六年级	我要毕业了	1.虚心求教　2.我能考好　3.诚信做人　4.懂得保护自己　5.学做小管家　6.社区是我家　7.吸烟危害健康　8.网络文明用语　9.你会骑自行车　10.垃圾妙用　11.学会赏识自己　12.学会自护自救　13.梅花香自苦寒来　14.要珍爱生命　15.走进博物馆　16.小小种植家　17.毕业典礼	

(3)"课程整合"的评价要求

1. 关注需求。识别、发现、回应、满足学生的学习需求,促进学生的发展,是课程建设的核心。因此,我们要基于学生的学习需求、动机、兴趣和直接经验来设计、实施相关的课程整合活动。

2. 立足实践。课程整合,应该是让孩子亲身体验各种经历,由此将知识及其他各种可能转化为自身的经验,所以,我们要在课程实施过程中,采用多样的、活跃的学习方式,让学生用实践、沉浸、对话、互动、参与、体验等课程实施的方式,扩充和丰富孩子们的经验,让孩子们在实践中综合运用所学知识解决各种实际问题。

3. 能力为重。坚持能力为重是提高教育质量,促进学生创新发展的根本要求。课程整合以活动为主要实施方式,要求学生积极参与到各项活动中,实则是在动手做、考察、探究、设计、反思中让学生学会知识,重点是发展学生的生活自理能力、交往协作能力、观察分析能力等,让学生在能力增长中懂做事、会做人。

4. 着眼创新。有别于学科课程,课程的整合为学生提供了更为宽松、自由的空间,学生可以自己发现问题,自己设计解决方案,自己收集资料,自己解决问题,在这个过程中,学生的想象力和创造力得以充分发挥,具备初步的批判思维和探究精神，培养学生独立思考问题和解决问题的能力。

（四）搭建"沁香舞台"，推进节庆仪式课程

（1）"沁香舞台"的类型
1. 八大校园节日
学校依据芳香式课程的五个类别和学校办学特色分别开展校园节庆活动：香雪文化节、环保节、读书节、体育节、科技节、艺术节、英语节、数学节，让拥有不同爱好、特长的学生能够展现其多才多艺。

校园节日	时间	负责部门	内容和要求
香雪文化节	每年12月至次年1月	德育处负责，分项目执行	引导学生识梅、赏梅、寻梅、学梅，以梅花的品格和精神来陶冶和激励自己。在全校师生中开展以梅花精神为引领的"写梅、书梅、画梅、唱梅、摄梅"系列主题教育活动，培养他们敢于迎风傲雪接受挑战、刻苦磨练、奋发有为的梅花精神和品格。
环保节	每年3月	德育处负责	环境保护，是一个永恒的话题。以三月的植树节、世界森林日、世界水日、全国保护母亲河日等环保日活动，引导学生关心自己生活的环境，明确环境保护的重要性，提高保护环境、保护地球的意识，使他们自觉地用行动来保护地球环境。同时让学生明确自己在社会中应尽的责任和义务，培养学生良好的社会公德。
读书节	每年4月	语文科负责	以每年4月23日世界阅读日为契机，组织开展系列主题读书活动，着力推荐小学生阅读书目和师生原创优秀文学作品和读后作品，培养学生良好的阅读写作习惯、方法和能力，让浓郁的书香洋溢校园，让阅读写作伴随学生成长。
数学节	每年5月	数学科负责	围绕各年级的数学知识和数学思维训练点，开展相应的数学游戏和比赛活动，为学生提供一个了解数学、获取数学知识的舞台，在校园里形成浓郁的数学文化氛围，让学生充分感受数学魅力，发现数学的无尽乐趣与无穷奥妙，进而产生一个良性循环，服务与提高自己数学的学习。
艺术节	每年6月	音乐、美术科负责	开展丰富多彩的音乐、美术方面的艺术活动，充分发挥学生的主动性和创新精神，充分发挥文化艺术教育的育人功能，培养学生健康的审美情趣和艺术修养。

续表

校园节日	时间	负责部门	内容和要求
体育节	每年9月	体育组负责	通过个人和集体体育项目的开展和竞赛,培养学生的竞争、合作意识、坚强的意志力和积极向上的精神品质以及集体荣誉感,提高学生的健康体质。
英语节	每年10月	英语科负责	以分年级开展的一系列丰富多彩的英语活动为载体,营造良好的英语学习氛围,激发小学生学习英语的兴趣和爱好,提高小学生听英语、说英语、读英语、写英语、用英语做事的能力,让学生在英语实践中体会到学英语、用英语的快乐。
科技节	每年11月	科学、信息技术组负责	每年确定一个主题,通过科普宣传、实践、比赛等活动,激发学生学习科学知识的情感,开发学生的潜能,提高学生动手动脑能力,让学生在科技活动中感受生活离不开科技创新,体验科技活动过程的快乐,提高科学素养。

2. 传统节日和纪念节日

以每个学期各有的八大传统节日或纪念节日作为主题活动,用富有节日特点的活动为学生的身心健康搭建成长的舞台,让学生通过阅读、表演、欣赏、实践等多种学习方式,认识、理解节日的风俗民情、人文历史,为学生提供多角度、多方面、多渠道的情感体验,感受文化意蕴的丰厚,净化心灵,提升人格。

学期	节日	内容和要求
上学期	教师节	课程内容:同学们亲手制作教师节贺卡或小礼物。 要求:应尽量用环保材料,必须是学生自己动手制作,可以学生和家长一起合作完成,要表达自己对老师的敬意。
	中秋节	课程内容:中秋节的风俗和来历。 要求:1. 知道中秋节的日期,了解中秋节的一些风俗和来历; 2. 对中国的传统文化产生初步的兴趣。
	重阳节	课程目标:激发学生孝老爱亲的内在自觉,并由爱家、爱老推及到爱国、爱社会,进一步树立社会责任感和历史使命感。 课程内容和要求:1. 班队课各班开展以"念亲恩、感亲意、抒亲情"为主题的班队课,进行家庭美德教育,引导少年儿童孝敬父母长辈,学会感恩。 2. 开展走进敬老院活动,把对长辈的爱"迁移"到身边每一位老人身上,感受与老人联欢的快乐。
	国庆节	课程内容:国庆节的由来。 要求:通过一系列的庆祝活动,让每一名学生都能参与,让学生积极将活动延伸到社区、校外,做到全员教育,全面教育。

续表

学期	节日	内 容 和 要 求
上学期	冬至节	课程目标：感受中国传统节日的内涵,感受节日气氛、发扬传统文化、继承、发扬传统习俗。 课程内容和要求：1. 了解冬至节这一传统节日的习俗和由来； 2. "汤圆"的制作,煮汤圆及共庆冬至吃汤圆活动(南方在冬至的传统习俗是吃汤圆。"汤圆"是冬至必备的食品,是一种用糯米粉制成的圆形甜品,"圆"意味着"团圆""圆满")。
	圣诞节	课程目标：让学生了解有关圣诞节的知识,感受西方文化节日的快乐气氛。 内容和要求：1. 学会唱1—2首圣诞歌曲； 2. 分年级或者班级开展圣诞游戏游园活动。
	春节、元宵节	课程内容：春节、元宵节是我国重要的传统节日。 要求：引导学生认知传统、尊重传统、继承传统、弘扬传统,增进爱党、爱国、爱社会主义的情感。
下学期	妇女节	1. 为母亲做一张贺卡,表达对母亲深深的爱,并拍成照片； 2. 学校评出最温馨最感人的一刻,展示出来。
	植树节	1. 围绕爱树,进行树类知识讲座； 2. 利用周一升国旗发出倡议； 3. 学生们在学校种植小树苗。
	学雷锋	1. 向全校师生发出向雷锋同志学习倡议； 2. 组织各中队出办"我与雷锋精神同行"的主题黑板报； 3. 组织以"雷锋故事我来讲(听)"为主题的主题班会； 4. 立足校园,开展美化校园活动； 5. 3—6月间,每月28日表彰1名"学雷锋小标兵"。
	清明节	1. 积极开展"追思先烈"群众性缅怀祭奠活动。开展国旗下讲话、墙报宣传、主题的班会课等； 2. 派发宣传文明祭奠倡议书。
	劳动节	开展主题系列活动,让同学们了解"劳动节"的由来,通过在家庭、学校、社会三个层面参与不同类型的劳动,培养少先队员积极劳动的热情,养成爱劳动的好习惯,并能珍惜他人的劳动成果。 1. "我和妈妈换一天岗",做一天妈妈每天要做的家务活,体验劳动的甘苦； 2. "我为学校/班级做一件好事"； 3. 以志愿者的身份积极参加社区里服务他人、奉献社会活动。
	端午节	1. 传递节日温暖,大力开展关爱他人志愿服务。组织志愿教师深入班级中的困难家庭、留守儿童、单亲家庭送粽子、送温暖等节日慰问活动； 2. 鼓励学生积极参与社区庆祝端午的相关活动； 3. 营造节日氛围,大力开展端午节传统民俗文化活动。出一期端午节黑板报,在学校电子屏幕上广泛宣传。

续表

学期	节日	内容和要求
下学期	玉岩诞	"玉岩诞"已被列入广州市市级非物质文化遗产名录。活动期间,除了祭祀活动,要有文会(目的是供文人吟诗作对、交流切磋)、水果展览(水果比赛)等。学校要充分利用好此非物质文化遗产开展相应的教育活动,做好调研考察,遴选出符合小学生年龄和认知水平以及学校教育实际情况的相关教育内容,通过宣传教育、选修课等方式开展听、读、写、画、唱、演、做等多种形式的活动,让学生深刻感受和体验传统文化的魅力,培养发现美、欣赏美和自我发展的责任感。
	儿童节	1. 新生入队仪式; 2. 分年级开展六一庆祝活动。各年级安排时间开展小型文艺汇演,每年级评选出1—2个优秀节目,5月26日前报少先队大队部; 3. 5月30日上午开展全校的文艺汇演; 4. 5月30日下午,由家委组织形式多样、活泼向上的游园活动。

(2)"沁香舞台"的评价办法

"沁香舞台"的搭建,是为了更好地呈现学生的课程学习成果,也是检验课程实施的效果,是课程管理的最终归宿。

我们要以"主题突出、内容丰富、形式多样、组织有序、效果明显"的舞台呈现为评价目标,以是否学生参与度高,是否教师指导有度,学生是否获益等作为评价的依据,通过学生自评、教师自评,专家领导评价等方式,评价"沁香舞台"活动的成功与否。

萝峰小学沁香舞台评价表

活动名称:_____ 活动主题:_____
活动时间:_____ 活动地点:_____

沁香之维度	沁香之源	沁香之度	学生评	教师评	领导/专家评
主题突出	1. 主题鲜明、立意新颖、寓意深刻。	3			
	2. 主题具有时代性、科学性、针对性、实效性、教育性。	3			
	3. 根据学生身心发展和成长中的学习需求确定主题。	4			
内容丰富	1. 贴近社会现实、贴近学生实际生活、贴近学生身心发展规律。	5			
	2. 紧扣主题,准确定位。	5			
	3. 分出层次,突出重点。	5			

续表

沁香之维度	沁 香 之 源	沁香之度	学生评	教师评	领导/专家评
形式多样	1. 新颖、独特、多样,让学生充分展示自我。	7			
	2. 注重学生的实践和体验。	6			
	3. 重视活动的群体性,要引导学生合作学习。	6			
	4. 能营造生动、活泼、有效的活动氛围。	6			
组织有序	1. 指定好活动方案,确定好活动的主题、启动时间、举办方式和相关项目负责人等,并交行政会议审批通过。	6			
	2. 活动举行之前要召开筹备会议,落实各项细则安排,做好充分准备。	6			
	3. 活动过程中学生遵守纪律,集体活动秩序良好。	4			
	4. 活动后有总结反思,发布宣传通讯稿。	4			
效果明显	1. 师生参与活动有一定的广度和深度,活动时间充分,学生参与活动具有主动性。	6			
	2. 让学生获得成功感,情感获得激发,能与他人合作、交流、分享感受。	6			
	3. 活动能培养学生的综合能力,拓宽学生的视野活动,不同程度的学生得到应有的发展。	6			
	4. 能加强师生间的交流和融合,使师生间、学生间彼此欣赏。	6			
	5. 能对学校有正面的宣传作用活动。	6			
总评	沁香(85 分以上)		✿✿✿✿✿		
	飘香(70—84 分)		✿✿✿		
	暗香(70 分以下)		✿		

(五) 开设"溢香社团"课程,丰富学生学校生活

(1)"溢香社团"的类别

学校开设的社团活动以芳香式课程为依据,对国家基础课程进行拓展,形成德育、体育、美术、音乐、科技、逻辑、语言等八大类别的社团。德育类社团开设了少先队仪仗队;体育类社团开设有击剑队、柔道队、田径队、足球队、羽毛球队、篮

球队、乒乓球队等；美术类社团开设有书法、中国画、沙画、儿童画、陶艺等；音乐类社团开设有敲击乐、古筝、舞蹈、合唱、粤剧、京剧等；科技类社团开设有航模、电子小报等；逻辑类社团开设有中国象棋、中国围棋等；语言类社团开设有小记者站、广播站等。

(2)"溢香社团"课程实施办法

1. 少先队仪仗队作为学校的特色社团，编写了《少先队仪仗队校本课程》。少先队仪仗队校本课程的开展是面对全校学生，并使校本课程做到"四结合"：一是与学校文化建设相结合，把它放在学校文化建设的大背景中实施；二是与学校各项活动相结合，通过形式多样、学生喜欢参与的常规活动（仪仗队大课间）、节日活动（少先队活动及庆典）、传统活动（常规训练及升旗仪式），使学生在生活中认识自我，规范自我，锻炼自我，完善自我；三是与学科课程结合，把《少先队仪仗队校本课程》和体育、音乐、美术的课堂教学有机地整合，培养学生的综合实践能力，促进良好的行为习惯；四是与学生社团活动相结合，分别组建以学校、年级、班级为单位的少先队仪仗队兴趣小组，定期开展活动，进一步体现学校的仪仗队特色，巩固仪仗队的成果。

2. 体育、美术、音乐、科技、逻辑、语言类社团一般安排固定的社团活动时间。其中击剑队、柔道队、田径队、羽毛球队、篮球队、乒乓球队、儿童画、沙画、陶艺、古筝、舞蹈、合唱、航模、电子小报、小记者站、广播站等社团由我校综合科老师任教，敲击乐、足球队属于合作项目。

(3)"溢香社团"的评价

萝峰小学"溢香社团"评比细则

测评项目	测评内容	分值	考评分	备注
有组织 (50分)	有详细的社团活动计划（须有活动行事历）	10		
	有学生花名册	10		
	做好考勤登记	10		
	有社团活动总结	10		
	有社团活动图片等佐证材料	10		

续表

测评项目	测评内容	分值	考评分	备注
有活动 (30分)	按学校要求定时开展社团活动	10		
	做好社团活动效果登记表	10		
	艺术类社团期末要进行汇报,如表演、展览等,非艺术类社团每学期举行不少于一次的竞赛活动(校级及校级以上)	10		
有特色 (20分)	社团活动主题鲜明,富于特色,对学生具有较强吸引力	10		
	活动内容和形式健康,有创意并能反映本社团特色	10		
有影响 (加分项)	以社团名义代表学校参加大型赛事并获奖	累计		
总评	溢香社团(110分以上)		❀❀❀❀❀	
	飘香社团(90—109分)		❀❀❀	
	暗香社团(90分以下)		❀	

社团加分项评分标准:

级别	一等奖(1、2名)	二等奖(3、4名)	三等奖(5、6名)	优秀奖
区级	4	3	2	1
市级	6	5	4	3
省级	8	7	6	5
国家级	10	8	8	7

在不断深化的教育改革中,课程变革是学生成长、教师提升、学校发展的核心,其价值在于使学生成为更好的自己。我们要以"闻香向雅,沐香笃行"的办学理念为引领,努力追求学校课程的品质,让每一个孩子在充满着花香、果香、书香、墨香、道香、艺香的学校里,亲近自然沐香,纵情学海问道,带着香气成长。

(撰稿者:陈柳芳)

第一章
德香课程：让儿童带着香气成长

如果一所学校,少了文化的醇香;如果一个孩子,缺了人文的熏陶,那是不可思议的。教育的馨香弥漫在学校的角角落落,渗透在课堂教学的所有环节,浸润于校园生活的方方面面,延伸到家庭与社会的每一个空间。一句话,让儿童带着香气成长,是学校教育的神圣使命。

雨果说：世界上最广阔的是海洋，比海洋更广阔的是天空，比天空更广阔的是人的灵魂。教育是灵魂变得香气四溢的过程，以香养德，复兴香之教养，传承香之意蕴。德香课程的理念是让儿童带着香气成长，培养有思想、有见识，智慧大气，有着高尚人格魅力，灵魂散发着香气的孩子。灵魂有香气，指美好的品德。自古医救人命，师救人魂，良好的教育是对灵魂的升华，纵然是陋室，也惟吾德馨，行一善，也手有余香。

　　"国无德不兴，人无德不立。"教育和引导少年儿童树立、践行社会主义核心价值观，不仅关系着一代人的成长，也关系着国家和民族的未来。我校实施"德香课程"，旨在让儿童的美好童年香气四溢，培扶善美人生。德香课程由学校德育活动、教学活动、环境教育三方面组成，引导儿童形成积极健康的人格和良好的心理品质，促进儿童核心素养提升和全面发展，为儿童一生成长奠定坚实的道德基础。萝峰小学全体教师将始终怀着一份责任心与恭敬之意来推进此课程。

　　灵魂渗香的教育生活是最美的。我校结合各类节假日开展丰富的校园活动，既锻炼和激励学生，又能促进学生形成积极向上的道德。结合本校文化特色，充分利用学校周边的资源（香雪公园），每年冬天都会开展香雪文化节活动，以梅花精神为引领的"写梅、书梅、画梅、颂梅、摄梅"等系列主题教育活动。走进"劳动实践基地"，渗透"磨砺教育"是我校"德香课程"的另一特色。学校生物园开辟了学生劳动实践教育基地，为儿童提供了亲身经历种植体验教育的良好场所，是学校扎实开展实践育人的又一重要载体，同时促进城乡教育的协调、均衡发展。

　　教育，理应带着淡淡的香味。赫尔巴特曾说："教学如果没有进行品德教育，只是一种没有目的的手段；品德教育如果没有教学，就是一种失去了手段的目的。""德"在素质教学中占据着核心、首要地位，德香课程需要在学校各项活动中渗透。德香课程充分利用国旗下讲话、晨会、班会等德育阵地对学生进行渗透，通过晨会中国旗下的师生、校领导的演讲、交流发言、朗诵、节目表演等方式,加强对学生的道德教育,从增强爱国情感做起,弘扬和培育以爱国主义为核心的伟大民族精神;从确立远大志向做起,树立和培育正确的理想信念;从规范行为习惯做起,培养良好道德品质和文明行为,从提高基本素质做起,促进未成年人的全面发展。德香课程需要在各学科教学中渗透。为了更好地帮助学生实现全面发展,任何一个学科,都必须要在传授其本身的知识以外,进行德育教育的渗透,指导孩子结合自己日常生活明确行动做法,在感悟中明理,在明理中践行,使儿童的成长始终散发着梅花的芬芳。

学校,理应充满迷人的芳香。苏霍姆林斯基曾倡导:"要让学校的每一面墙都说话。"我们充分利用校园环境这一载体,把德香渗透在校园的每一个角落,使其发挥"润物细无声"的德育作用,如宣传栏、黑板报、格言区等都是对学生进行德育的理想载体。萝峰小学以梅花香雪为主题的环境建设特色已初步显现。梅花大厅、书香园、梅花园、赏梅亭……一个个亮丽的人文景观展现在师生的面前。

教师,理应灵魂渗着香气。苏霍姆林斯基认为,教师成为学生道德上的指路人。再好的德育教材都比不上教师的一言一行,再好的德育浸润都比不上老师的潜移默化。因此,萝峰小学致力于构建全员德育网络,创设"人人是德育工作者,处处是德育工作阵地,事事是德育工作内容"的德育工作大环境。小学德育是一项系统工程,要增强德育的有效性还要建立家庭、学校、社会"三位一体"的联动机制,达成小学生教育共识,才能增强小学德育的有效性。

教育是灵魂变得香气四溢的过程,只有过程,没有终点。如果一所学校,少了文化的醇香;如果一个孩子,缺了人文的熏陶,那是不可思议的。德香课程从整体引领学校德育工作,把德之馨香渗透到课堂教学的各个方面、浸润到校园生活的各个角落、延伸到教书育人的各个环节,让儿童带着香气成长,成为有思想、有见识,智慧大气,有着高尚人格魅力,灵魂散发着香气的孩子。

(撰稿者:钟巧萍)

课程智慧 1-1

磨砺养成教育

适合年级：一至六年级

一、课程概述

小学生的养成教育，一般指小学生的道德品质和行为习惯的培养和教育。从广义上说，小学生良好习惯的养成教育是指基础的心理素质、思想素质，包括思维方式、道德品质、行为习惯和生存能力，健康体魄的培养和教育。狭义的小学生良好习惯的养成教育是指良好的道德规范和行为习惯的养成，具体是指小学生的道德品质、文明礼仪，学习、生活等良好行为习惯的养成。

"磨砺养成教育"就是对小学生进行自觉磨炼、刻苦锻炼的教育。即有意创设各种艰苦环境和实践活动，磨炼他们的意志和品质，陶冶其情操，健全其人格，以增强和提高他们的适应能力、动手能力、竞争能力及合作精神等，为其成长、成才奠定基础。

本课程的理念是：体验、感悟、磨砺、成长。磨砺教育适应时代对人才发展的要求，通过创设适宜的环境与氛围，为学生提供一个良好的锻炼平台，引导学生在活动中体验，在体验中感悟，在感悟中成长。在这里，体能训练与提升是载体，实践活动是手段，通过心理的调节、责任感的激发、生命价值的认识、团队精神的打造，以此磨砺坚强意志，培养良好的品格素质。

二、课程目标

1. 从"要我这样做"转变为"我应该这样做"，能把良好的行为习惯内化为自觉的行动。

2. 成为"明礼、诚信、乐学、环保"的好学生。

3. 参与"实践磨练",能具有不怕困难的坚强意志和能承受挫折的良好心理素质。

三、课程内容

培养学生良好的学习、生活、品德等行为习惯,校本课程从学习教育、纪律教育、礼仪教育、服务教育、安全教育、卫生教育、磨砺教育等制定具体的内容,努力拓宽思想品德教育空间,加强横向联系,创设全方位育人的环境,达到整体优化的效果。

一年级课程内容:1. 开学啦;2. 识国旗,唱国歌;3. 上课了,你准备好了吗? 4. 从小养成好习惯;5. 学习要专心;6. 上下楼梯守秩序;7. 我有"七个好朋友";8. 认真上好课;9. 不作"邋遢"猫;10. 你今天锻炼了吗? 11. 我会学,我能行;12. 妈妈的好帮手;13. 讲究饮食卫生;14. 过马路要注意安全。

二年级课程内容:1. 就是要有勇气;2. 独立完成作业;3. 集队快静齐;4. 教你敬队礼;5. 时间老人的话;6. 食不言,寝不语;7. 爱护心灵之窗;8. 环保小天使;9. 劳动有苦也有乐;10. 环保"小卫士";11. 提防"无牙老虎";12. 不做旱鸭子;13. 游泳要注意安全;14. 这样做对吗?

三年级课程内容:1. 爱问为什么;2. 我会做;3. 优秀作业人人夸;4. 管住自己;5. 我是班级小主人;6. 跟浪费说"再见";7. 文明礼貌训练营(一);8. 不玩危险游戏;9. 健康小贴士;10. 几个特殊电话号码;11. 高空掷物很危险;12. 爱读书,读好书;13. 我们的"11路车";14. 失败是成功之母。

四年级课程内容:1. 细心能得到好成绩;2. 阅读是把金钥匙;3. 自己的事情自己做;4. 学校洗手间变了样;5. 注意饮食健康;6. 爱护公物我有责;7. 生活小能手;8. 亲亲大自然;9. 文明出行真快乐;10. 文明礼貌训练营(二);11. 安全用电;12. "污染"就在身边;13. 给知心姐姐的信;14. 我是

EQ 小主人。

五年级课程内容：1.大胆说出自己的见解；2.学会礼让；3.学会预习、归纳、整理；4.待人接物讲礼仪；5.作文要积累素材；6.就餐礼仪讲究多；7.在图书馆里；8.安全使用煤气；9.不去网吧；10.从小学会理财；11.职务是我们的朋友；12.坚持到底；13.在灾难面前；14.锻造一颗坚强的心。

六年级课程内容：1.虚心求教；2.我能考好；3.诚信做人；4.懂得保护自己；5.学做小管家；6.社区是我家；7.吸烟危害健康；8.网络文明用语；9.你会骑自行车；10垃圾妙用；11.学会赏识自己；12.学会自护自救；13.梅花香自苦寒来；14.要珍爱生命。

四、课程实施

本课程坚持正面教育学生，引导学生主体参与，把磨砺养成教育与各项校内、社区活动相结合起来，分六年，每年14个课时。具体实施方法：课题教学法、实践活动法、心理健康教育法、综合实践法、家校、社区联动法。

（一）课堂教学法

把《磨砺课程》融入常规的课堂教学，与课堂教学相结合。磨砺养成教育是贯穿于各学科教学的，要充分挖掘、寻找教材内容中思想品德教育的渗透点，加强教育的渗透意识，在课堂教学中有机渗透。

（二）实践活动法

坚持正面教育学生，引导学生主体参与，把磨砺教育与各项活动结合起来。要创设形式多样的活动，使学生在活动中认识自我，规范自我，完善自我。如：班队会教育活动、体育锻炼活动、专题教育活动、传统教育活动、社会公益活动等。

（三）心理健康教育法

加强学生的心理健康教育，促进磨砺养成教育的形成。开展好学生的心理健康教育、青春期教育，做好学生的心理疏导，培养学生敢于迎风傲雪的品格，增强社会适应能力和抗挫折能力。

（四）综合实践法

通过综合实践活动，让学生得到认知、理解、体验和感悟。组织体验性、探究性活动，使学生在综合实践活动中获得亲身参与研究探索的体验。

（五）家校、社区联动法

磨砺养成教育要家校、社区联手，以构建良好的育人环境。学校要主动与家庭、社区密切配合，共同抓好对孩子的教育，扩大学校教育对家庭和社会的影响，形成家校合力、齐抓共管的局面，以促进学生良好行为习惯的养成。

五、课程评价

磨砺养成教育不是教出来的，核心在磨砺，重心在养成，方法重训练，活动是基本形式，检查侧重效果。要加强检查督促，以评价促养成。磨砺养成教育是一项需要长期坚持不懈的工作，定期检查，适时评比，是解决懈怠或流于形式的重要措施。主要采取过程评价法、评选性评价法。

（一）过程评价法

建立《学生素质评价报告册》，按照相关要求，分解责任目标，注重养成过程，根据学生在学校、社区和家庭三方面表现，由教师、学生、家长及社区定期对学生行为习惯的表现作出综合评价，及时树立典型，表彰先进，对行为习惯较差的学生及时矫正不良习惯，通过多种方法强化行为，使其得以健康发展。

（二）评选性评价法

在中队、班级中评选出好习惯、文明中队、班级（每月）。结合学期综合表现，评选出优秀中队、优秀辅导员、优秀班主任（每学期评一次）。表彰优秀个人和集体，推动好习惯教育活动向纵深发展，由养成生活好习惯推向养成学习好习惯和社会好习惯，把学生的好习惯进一步推广到家庭、社会。

（课程开发者：钟肖琼）

> 课程智慧 1-2

星星之火，代代相传

适用年级：一年级

一、课程概述

中国少年先锋队（简称"少先队"）是中国共产党创立和领导的中国少年儿童的群众组织，是少年儿童学习共产主义的地方，是建设社会主义和共产主义的预备队。在少年儿童的成长过程中，加入少先队是一个重要的成长节点，具有里程碑意义。

《队章》第十一条："凡是6周岁到14周岁的少年儿童，愿意参加少先队，愿意遵守队章，向所在学校少先队组织提出申请，经批准，就成为队员。""队员入队前要为人民做一件好事。要举行入队仪式。"

入队仪式课程，不仅仅是指举行仪式的那一天或者那一瞬间。入队仪式是一个仪式进程，包括前、中、后三个阶段，分别是队前教育、入队仪式活动现场、入队仪式结束以后的继续教育。这三个阶段相互衔接，才构成完整的少先队入队仪式。

本课程的理念是提升少年儿童对少先队组织的认同感和归属感。少年儿童在接受队前教育后获得了关于少先队的基本知识，对少先队有了初步了解，在思想上开始认同少先队，在行动上按照少先队组织的要求主动参与少先队的活动。在此之后举行入队仪式，少年儿童获得了少先队员的新身份，对少先队更加认同并且表现为对组织活动尽心尽力的行为结果，有强烈的归属感并且希望维持组织成员身份的一种状态。此时，就可以说少年儿童通过了入队仪式进程。

二、课程目标

1. 了解少先队的光荣历史,学习队章中有关队旗、队徽、红领巾、队礼、呼号等知识,懂得红领巾和队礼的意义。

2. 感受成为少先队员是一件很光荣的事情,产生加入少先队组织的愿望。

3. 懂得严格要求自己,用实际行动为红领巾增添光彩。

三、课程内容

根据《中国少年先锋队章程》和《少先队改革方案》要求,结合一年级学生身心发展特点,以少先队活动课少先队员用书《少先队活动》为教材,开展本课程。本课程分为三个阶段,分别是队前教育、入队仪式活动现场、入队仪式结束以后的继续教育。

第一阶段:少先队员队前教育(飘扬的旗帜)

一年级学生入学伊始,耳濡目染学校的各种少先队活动,会产生加入少先队组织的愿望。辅导员根据少先队活动课少先队员用书《少先队活动》相关课程,对一年级学生开展队前教育,这个阶段,需要辅导员、少先队员、家长等积极引导和帮助。

主题一:走进队部室

活动一　红领巾观察站:我们的队部室

活动二　红领巾论坛:队部室作用大

活动三　红领巾行动:队部室的小帮手

活动四　红领巾成长树:我心中的队部室

主题二:党、团、队旗真鲜艳

活动一　红领巾观察站:认识党旗、团旗、队旗

活动二　红领巾论坛:手拉手,学队史

活动三　红领巾行动：队旗在传递

活动四　红领巾成长树：我画我写说愿望

主题三：唱响队歌，继承传统

活动一　红领巾观察站：队歌响起

活动二　红领巾论坛：队歌告诉我

活动三　红领巾行动：唱着队歌做好事

活动四　红领巾成长树：学本领，争入队

主题四：向国旗敬礼

活动一　红领巾观察站：认识国旗、国徽

活动二　红领巾论坛：国旗在哪里升起

活动三　红领巾行动：我们的升国旗仪式

活动四　红领巾成长树：爱国旗爱祖国

主题五：即将戴上红领巾

活动一　红领巾观察站：入队申请书

活动二　红领巾论坛：收集"七知卡"

活动三　红领巾行动：闯过"六会关"

活动四　红领巾成长树：做一件好事

第二阶段：入队仪式活动现场（光荣的组织）

一年级学生在正式成为少先队员之前做了很多的准备和努力，但是他们仍然没有加入少先队组织。直到入队仪式上，他们被授予红领巾后宣誓，才正式获得少先队员身份。《中国少年先锋队章程》中明确指出：中国少年先锋队队员入队仪式，应当庄严生动，简单朴素。入队仪式由共青团组织的代表或少年先锋队大队长、中队长主持。

第三阶段：入队仪式结束以后的继续教育（快乐的成长）

由于入队仪式进程中存在着对少先队组织认识不足、形式主义等原因,一年级学生虽然获得少先队员身份,但尚未进入稳定状态,此阶段贯穿整个小学阶段直至加入团组织,每周一次的少先队活动,伴随着磨砺与考验,让少先队员实现自我教育、自我完善,最终实现少年儿童对少先队组织的认同感和归属感。其部分活动主题为:

主题一:中队小岗位

主题二:我们的中队会

主题三:志愿小队在行动

主题四:文明礼貌花常在

主题五:踏着雷锋的足迹

主题六:烈士的功绩

主题七:自理小能手

主题八:戴上安全的小黄帽

主题九:有趣的科技知识

…………

四、课程实施

实践,是课程最美的语言。本课程分为三个阶段,每个阶段的主题是菜单式编排,辅导员可以根据需要,在每周一次的少先队活动课中灵活选择相应的主题开展活动。六一前夕举行少先队入队仪式,入队仪式后在第三阶段课程中选择相应的主题开展教育活动。具体实施方法:场馆学习法、仪式学习法、志愿服务学习法、节庆主题学习法。

(一)场馆学习法(让孩子与一切美好的事物相遇)

每个少先队大队都建有队部室,队部室是少先队大队部所在地,是辅导员和少先队干部学习和讨论工作的场所,是向少先队员进行组织教育的阵地,也是展示少先队工作成果和荣誉的地方。第一阶段的队前教育,由高年级的中小队干部带领一年级少年儿童参观队部室,从主题墙上的誓词、队徽、队章、队歌到党的关怀、身边的榜样、各类少先队活动获奖等,每一个版面都潜移默化地感染着少年儿童,使之对加入少先队充满向往。

(二)仪式学习法(让内隐的教育要求外显化)

少先队仪式活动种类较多,内容丰富,表现形式直观生动,能够把思想意识教育巧妙地融入到仪式活动中,让少年儿童在庄严神圣的仪式活动中受到思想的洗礼,发挥着一种"润物细无声"的作用。在少年儿童的成长过程中,加入少先队是一个重要的成长节点,具有里程碑意义。

(三)志愿服务学习法(在志愿服务中培养社会责任感)

志愿服务是现代社会责任意识的体现,它是指志愿者自愿贡献个人的时间和精力,在不计物质报酬的前提下,为推动人类发展、社会进步和社会福利事业而提供的服务。新时期对少先队工作提出了新的要求。全国少工委在《少先队2018年工作要点》中明确提出将"积极稳妥开展'小小志愿者'等实践活动"作为"持续深化社会主义核心价值观教育"的一项重要工作。新队员在长期的志愿服务中,实现在服务中学习,在学习中成长,在成长中再服务付出,如此循环。让新队员在志愿服务中增强社会责任感。

(四)节庆主题学习法(用主题节日把少先队活动点亮)

党中央制定的《公民道德建设实施纲要》中指出:"各种重要节日、纪念日,蕴藏着宝贵的道德教育资源。"在上级有关部门的工作精神和学校工作的引领下,结合本校的实际情况和特点,结合各节庆日开展少先队主题活动,辅导员充分利用课堂教育主阵地,积极配合学校进行德育建设,全面开展学生思想道德品质教育。

在正式开展活动课之前,队员需要全面深入地学习某个节日相关的知识,从中挖掘所蕴含的民族文化:引导队员通过网络学习了解传统节日;通过诵读古诗挖掘节日中蕴含的民族文化;通过学唱节日歌曲挖掘蕴含其中的民族文化;通过走访本地名胜古迹挖掘节日中蕴含的民族文化;引导队员积极参与传统节日活动,挖掘蕴含其中的民族文化。

中国传统节日文化蕴含着优秀的民族文化,民族文化无不渗透着中华民族伟大的民族精神。少先队活动中,通过各种方法,诵读节日诗文,鼓励队员在班级博客上进行交流讨论，在队会活动课上进行展示、游戏问答，聘请民俗专家进校讲座等方式引导队员提炼传统节日中体现的民族精神。

通过少先队主题活动，让队员在活动中体验、感悟民族精神，做到每期活动有计划、有组织、有总结、有拍照，使之成为常态化的工作，使队员们从中受到教育。

五、课程评价

"雏鹰争章活动"是少先队的品牌活动。多年的实践证明，"雏鹰争章活动"已成为少先队素质教育的有效载体。对于少先队已开展多年的"雏鹰争章活动"，《少先队辅导员工作纲要（试行）》重新予以整理，构建了雏鹰奖章的新体系。从小学一年级至初中二年级的 8 个年级中，共设雏鹰奖章基础章 17 枚；平均每个学年 2 枚（五年级有 3 枚）。这 17 枚基础章是：

一年级：准备入队章、好朋友章；

二年级：自理章、文明章；

三年级：手拉手章、自护章；

四年级：岗位责任章、科技章；

五年级：民族精神章、环保章、国防章；

六年级：社会考察章、创新章；

七年级：服务章、青春知识章；

八年级：法律知识章、信息章。

《少先队辅导员工作纲要（试行）》还明确规定："在完成好基本任务的基础上，还可以根据实际情况开展特色活动，增设特色奖章。"为了激励广大少先队员踊跃参与雏鹰争章活动，同时也是为了完善少先队的激励体系，《少先队辅导员工作纲要（试行）》规定：在小学六年级毕业时，对获得小学阶段全部基础奖章的队员奖授一枚"雏鹰奖章银章"；在初中离队时，对获得小学和初中阶段全部基础奖章的队员奖授一枚"雏鹰奖章金章"。

  少先队的章程宗旨是：全童入队，加入队组织后再教育。而非教育好了才入队。因此决定了少先队入队进程是一个持续不断的过程。有些少年儿童只是在形式上入队了，但是在思想上并没有认同少先队组织，对少先队组织也没有归属感。本课程采取的一系列评价措施，目的是帮助少年儿童顺利"通过"入队仪式，使其正式成为社会主义事业的接班人。

  在引导少年儿童对少先队合理认知的过程中，务必要注意方法。要根据少年儿童的认知发展规律，因材施教、分阶段地进行引导，不能搞"一刀切"，否则会事倍功半，甚至一无所获。

（课程开发者：钟巧萍）

> 课程智慧 1-3

雏鹰展翅

适用年级：一至六年级

一、课程概述

中国少年先锋队鼓号队是少先队的仪仗队。鼓号队一般由 40～112 人组成，使用乐器主要是大鼓、小鼓、长号、小号等。威武雄壮的仪仗队是少先队组织风采的集中展示，一般在少先队的重大主题活动，如检阅式、迎宾式时使用。统一的服饰、威武的阵容、整齐的动作、洪亮的口号体现出中国少先队组织朝气蓬勃的精神面貌。

课程理念：寓教于乐，寓教于活动之中。本课程以学生发展为核心，让学生在活动中去体验、去感悟、去内化，提高德育实效性，从而最终实现德育目标。

二、课程目标

1. 在活动中学会自尊、自爱、自主、自律，养成良好的日常行为习惯；
2. 要有团队精神，学会为别人着想，与他人合作；
3. 在学习中能迎难而上，面对挫折能不屈不挠，勇往直前。

三、课程内容

本课程以磨砺教育为核心，以德育和心育整合为手段，以课程实施为平台，整合德育资源，着力提高德育实效。内容共分为四个版块：

第一版块：少先队仪仗队各年级的训练标准；

第二版块：少先队仪仗队训练方法与实践；

第三版块：少先队仪仗队训练与体育、音乐、美术学科课程结合；

第四版块：少先队仪仗队花样操的设计、排练与展示。

四、课程实施

本课程主要通过与学校德育活动以及与学科整合来开展教学活动。按照学校课程安排，每周有少先队仪仗队兴趣课1节，共16周，16课时，每个课时40分钟。实施方式如下：

少先队仪仗队校本课程的开展面对全校学生，并做到"四结合"：一是与学校文化建设相结合，把它放在香雪文化建设的大背景中实施；二是与学校各项活动相结合，通过形式多样的学生喜欢参与的常规活动（仪仗队大课间）、节日活动（少先队活动及庆典）、传统活动（常规训练及升旗仪式），使学生在生活中认识自我，规范自我，锻炼自我，完善自我；三是与学科课程相结合，把少先队仪仗队校本教材和体育、音乐、美术的课堂教学有机地整合，培养学生的综合实践能力，促进良好的行为习惯；四是与学生社团活动相结合，分别组建以学校、年级、班级为单位的少先队仪仗队兴趣组，定期开展活动，进一步体现学校的仪仗队特色，巩固仪仗队的成果。具体实施如下：

（一）从一年级开始就让学生参与少先队仪仗队这一传统特色项目，使仪仗队全面开花。学生以小组或班级的形式进行训练，定期与其他班或其他年级相互交流，让学生懂得，参加仪仗队不仅是个人的事情，而是整个班、整个年级、甚至整个学校的事。通过训练，培养学生的集体精神和团队精神，为学校争光，使仪仗队成为学校传统的特色项目。

（二）通过仪仗队训练，培养学生不怕艰苦，坚毅不屈的意志。仪仗队训练是一个非常辛苦的过程，冬天在寒风冷雨中站立，夏天在烈日下迈着坚定的步伐，每次训练站立的时间比较长，踏步和正步走的要求比较高，还要各自背着或拿着不同的乐器进行训练，无论站、走、持乐器还是演奏，每一个细节的要求都非常高，通过这样的磨砺，学生变得不怕累,不怕苦,敢于挑战苦难,形成坚定的意志和美好的品格。

(三)少先队仪仗队是香雪文化引领下,在磨砺教育课题下的重要载体,是磨砺养成教育的一个子项目,为了不跟磨砺养成教育校本课程产生矛盾,应做到以下几点:

1. 利用仪仗队的专有训练时间。这一训练的时间一般分为两部分,一是课间操的时间,利用广播操后的 10 到 15 分钟的大课间时间进行全校的仪仗队训练,一般以训练步伐和记谱为主,同时逐渐把训练的内容编成萝峰小学仪仗队综合操,成为萝峰小学大课间的一项特色活动;二是校队训练时间,校队一般是参加学校的升旗仪式、一些礼仪活动或者比赛的队伍,训练的时间一般安排在星期二或者是星期四下午的兴趣班时间。

2. 与其他学科课程结合,进行渗透。在音乐、体育、美术等课堂中,抽出 5 到 10 分钟与仪仗队有机结合在一起,音乐可以训练节奏和识谱,体育可以训练步伐、队形和体能,美术可以训练图形的审美观。老师根据校本课程的内容,从一年级开始就在相关的学科中逐渐渗透,到了三、四年级优秀的队员就可以争选进校队。这样一来,仪仗队的训练就不再片面和单一,更不是那种大多数学校为了参加某一次比赛而临时组建的形式队伍了,与现有的磨砺养成教育校本课程也不会产生矛盾。

五、课程评价

课程评价以学生平时参与仪仗队训练所表现的积极性为主要根据。主要采取以下评价方式:

(一)评定性评价

考评分"平时考核"和"期末综合评定"两步:平时考核内容为出勤情况、训练表现、展示能力;期末综合评定内容为小组汇演时的自信、合作能力等。

考评按照自评、互评、指导教师评价相结合的原则进行,最后形成综合评定等级。其中,自评权重为 20%,互评权重为 30%,指导教师评价权重为50%。

(二)等第性评价

主要从学生平时表现以及期末评定进行综合评价,然后根据综合评价的分值确定等级。学生评价等级分为优、良、合格与待合格四级。80分及以上为优秀,70分—80分(不含80分)为良好,60—70分(不含70分)为合格,60分以下为待合格。

学习评价表

评价指标		分值	评价			
			自评(20分)	互评(30分)	指导教师评价(50分)	综合评价100分
平时40%	出勤情况	10				
	训练表现	20				
	团队精神	10				
期末评定(小组展示)60%	精神状态	10				
	节奏感	15				
	动作规范	15				
	自信	10				
	合作能力	10				
综合评价						
评定等级						

三、评选性评价

根据学生的评定等级,期末由教师评选出"最佳仪仗队员",并向获奖者颁发奖状。

(课程开发者:罗锦周)

课程智慧 1-4

书声琅琅·论语

适合年级：四年级

一、课程概述

诵，即用高低抑扬的腔调念。读，就是用清晰、响亮的声音，结合各种语言手段来表达作品思想感情的一种语言艺术。我国古典诗词博大精深，有很多传世佳作，这些文学精华内涵深刻，意存高远，包含很多哲理。四年级的学生正处于记忆力最好的年龄，通过"书声琅琅·论语"的课程，让他们接触涵义丰富的经典之作《论语》，吸取中华文化的精华，传承中华民族的精神。

"书声琅琅·论语"课程的实施，意在通过各种形式开展经典诵读活动，把博大精深的智慧及早灌注到孩子们的心灵之中，让孩子们从小就开始广读博览，日积月累地增长语言文化知识，提高学生的语文综合素质和人文素养，潜移默化地形成优良的道德思想，并逐渐完善自己健康的人格，促进学生的可持续发展。

本课程秉持以下理念：书声琅琅，熟读成诵。通过本课程的学习，开发儿童的记忆潜能，陶冶情操，让学生懂得为人处世、待人接物之道，为学生健全的人格发展与良好的性情修养奠定基础。

二、课程目标

1. 认识中国传统文化的丰厚博大，了解中国古代的优秀诗文。在读古文、背古诗的过程中，弘扬中国传统文化，培养爱国情感。
2. 增加文学储备，加强文学功底，丰富文化底蕴，继承和发扬中华民族的传统美德,修身养性,净化心灵,陶冶情操。

3. 具有较好的语言、思维、想象及表达能力,为可持续发展奠定基础。

三、课程内容

本课程以小学生必读的国学经典系列《论语》为载体,通过各种形式开展经典诵读活动,书声琅琅,熟读成诵,加强优秀文化的熏陶,积累经典名言。

本课程内容主要分为八个单元。

1. 第一单元:主要内容是《论语·学而》中的名句段。
2. 第二单元:主要内容是《论语·为政》中的名句段。
3. 第三单元:主要内容是《论语·里仁》中的名句段。
4. 第四单元:主要内容是《论语·公冶长》中的名句段。
5. 第五单元:主要内容是《论语·雍也》中的名句段。
6. 第六单元:主要内容是《论语·述而》中的名句段。
7. 第七单元:主要内容是《论语·泰伯》中的名句段。
8. 第八单元:主要内容是《论语·子路》中的名句段。

四、课程实施

本课程选取小学生必读的国学经典系列《论语》为学习材料,利用多媒体课件、音像资料等多种渠道开展诵读活动。一个学期 16 周,每周 1 课时。具体实施方式:

1. 启发讲授法

《论语》以文言文的叙述为主,四年级的学生阅读起来有一定的困难。阅读时只能借助注释,通过讲解启发帮助学生理解内容,才能使他们更好地熟读背诵。

2. 影视学习法

通过多媒体课件和音像设备,为学生展示直观的诵读作品,让学生跟读跟诵,降低学习的难度,巩固记忆,更有利于熟读成诵,培养学习本课程兴趣。

3. 诵读模仿法

四年级学生对于文言文的诵读停顿比较模糊,可以采取教师示范、学生模仿的方式,也可以让学生跟读录音自主模仿的方式。重在让学生巩固记忆和掌握诵读技能。

4. 感想交流法

每个学生都是一个独立个体,都有不一样的阅读感受,在诵读后,请学生结合自己的诵读经历,对经典名句的诵读分享感受,交流经验,彼此之间取长补短,整体提高诵读水平。

5. 观摩鉴赏法

利用网络视频为学生展示优秀的诵读作品,创设情境,渲染气氛,感受诵读的魅力。引导学生大胆评价鉴赏,提高个人感悟力,帮助学生形成鲜明的诵读风格。

6. 创新表演法

通过比赛方式,为学生搭建表演平台。学生根据自己风格自由组合,用吟诵的表演形式展示诵读作品,提高对诵读的热情,增强表演效果,陶冶情操。

五、课程评价

在本课程实施过程中要遵循以下评价原则:学习态度是否认真、积极、踏实;课堂表现是否积极参与交流;对学习效果的评价应以鼓励、表扬等积极的评价为主,采用激励性的评语,尽量从正面加以引导。

本课程评价方式可以多样化,在方法上宜采取有针对性的、鼓励性的、多样性的评价方法。具体做法如下:

1. 达标性评价

每个学生制作达级卡,达标级别定为三级:一级还需努力,对指定篇目和自选篇目的诗文背诵不熟练,有错误,没有初步感受情感和内容。

二级过关,对指定篇目和自选篇目的诗文能熟练背诵,达到正确无误,在诵读中能体验情感,领悟内容。三级很棒,对指定篇目和自选篇目的诗文能熟练背诵,有感情,达到正确无误并能通过诗文的声调、节奏等品味出作品的内容和情感。

"书声琅琅·论语"个人达级卡

评价人:

单元	一级	二级	三级
《学而》			
《为政》			
《里仁》			
《公冶长》			
《雍也》			
《述而》			
《泰伯》			
《子路》			

2. 评选性评价

期末,根据个人达级卡的达级数量,评选出五名班级"诵读小仙",并颁发奖状奖品。

3. 竞赛性评价

开展各种形式的诵读竞赛活动,如"看谁背得好""看谁背得多""看谁背得快"等,按比例评出一二三等奖,并向优胜者颁发奖状奖品。

(课程开发者:钟彩珠)

课程智慧 1-5

小说大观

适用年级：五年级

一、课程概述

小说，是通过对人物、情节和环境的具体描写，以反映比较复杂的社会生活的散文体的文学作品。中国古代小说的特点更是注意人物行动、语言和细节的描写，在矛盾冲突中展示人物性格。古代小说大体可划分为笔记体、传奇体、话本体、章回体四种文体类型，各文体类型之间既有一定的传承性，同时又有相对的独立性。

"小说大观·四大名著"课程的实施，意在通过各种形式的活动，让儿童接触认识古代小说，不建议在电脑上或者手机上阅读四大名著的电子版，这样不利于养成孩子良好的阅读习惯，而且有损于孩子的视力。纸质版的书籍更容易形成一种良好的读书氛围，知识也是可以看得见摸得着的，能增加孩子阅读的成就感。阅读的内容选择白话文的书籍，不要选择半文言的原版书，因为阅读古文这种能力不是小学阶段就要养成的，强行养成反倒会适得其反，削弱孩子阅读的兴趣。

本课程秉持的理念是：让经典涵养心灵，让阅读增长才情。古代经典小说是人类文化和思想的智慧结晶，是历史积淀的产物，是人类在几千年的文明发展的历史长河中创造出来的艺术瑰宝。通过本课程的学习，开发小学生这类生理与心理都没有发育完全的人群的潜能，让学生建立正确的人生观，价值观，增强他们的精神免疫力和传承中华传统文化精神。

二、课程目标

1. 了解古代经典小说四大名著的内容，认识这几部古代小说的文体特征,体会小说故事情节的变化。

2. 在与经典、名著的对话中,感悟、品味、积累,养成良好的阅读习惯,形成开朗豁达的性情、自信自强的人格、和善诚信的品质。

3. 参与了解祖国优秀文化,经受中华传统文化精华的熏陶,从而热爱祖国传统文化,提升人文素养。

4. 父母子女一起阅读,增进家庭成员之间的感情,提升家庭文化品位,构建和谐家庭。

三、课程内容

本课程以古代经典的四大名著《三国演义》《水浒传》《红楼梦》《西游记》为载体。鉴于小学生有限的理解水平,本课程采取循序渐进的方式,志在让孩子们爱上阅读古代经典小说,内容分为四个模块:

(一)点指兵兵:细数名著里的经典人物

四大名著,又称为"四大小说",为罗贯中写的《三国演义》、吴承恩写的《西游记》、施耐庵写的《水浒传》及曹雪芹写的《红楼梦》四部中国古典章回小说,是汉语文学中不可多得的作品。四部著作都有很高的艺术水平,细致的刻画和所蕴含的思想都为历代读者所称道。尤其名著里的很多人物,孩子们对之非常敬仰,在这个模块里让孩子们找找人物,人物细数积累是一种很好的对古代小说阅读的入门。

(二)故事达人:讲故事擂台

四大名著是我国文学史上的国粹经典,其文学价值无可比拟,如果要让孩子了解汉语的美和中国传统文化,这无疑是绝佳的选择。这个模块里,孩子们通过阅读选出名著里自己喜欢的章节故事参与讲故事会,让孩子们在阅读中有表演的机会,尝试成功的喜悦,从而爱上阅读经典名著。

(三)评头品足

学生评述经典故事里人物的性格特点,说感受谈体会,认识文学体裁。以小组为单位,对名著里有个性突出的人物进行评价赏析,从中获取启迪,加深优秀传统文化的熏陶。

（四）有模有样

学生选取自己喜欢的故事片段演一演,加深理解,展示学习成果,积累经典故事,修身养性,陶冶情操。

四、课程实施

本课程实施之前要有充分的准备：精心备课,选取小说名著里孩子们喜欢的、经典的故事,诱趣,为乐读"助燃"。本课程用时 16 课时,安排每周 1 课时。具体实施路径与方法如下：

模块一：点指兵兵(拓展法、收集法、分享法)(2 课时)

细数名著里的经典人物姓名和绰号,看谁记得多。比较容易的开头,激发孩子往下看小说名著的兴趣,免于产生畏难情绪。训练孩子收集资料的能力和记忆力,说说四大名著里人物的姓名和绰号。

模块二：故事达人(演示法、观摩法、鉴赏法)(5 课时)

选取四大名著里耳熟能详、孩子们感兴趣的故事进行故事擂台赛。通过故事擂台赛,促使学生课外做好充分的准备,培养语言表达力和当众讲述的勇气。

模块三：评头品足(探究法、讨论法、述说法)(5 课时)

初步体会四大名著里一些重点人物的性格特点,重要故事情节,认识文学体裁。学习初步评价,感悟作品的内涵,增加对古代小说的了解,培养分析能力、鉴赏能力,增强文化底蕴。

模块四：有模有样(讨论法、实践法、展示法)(4 课时)

学习编写台词,类似课本剧,然后表演展示。比如《大闹天宫》《武松打虎》的排练、展示。(台上三分钟,台下十年功,更多的实践应是在课外)合作编排一两个故事表演展示,让学生都有说、演的机会,增强语言表达力,模仿力,合作交流等能力。

本课程实施的最终目标是培养学生良好的阅读习惯,所以更多的是课外的实践体验,要注意做到以下两点：

（一）营造氛围，形成共识

1. 观念决定行动。向学生宣讲经典小说阅读的意义，统一思想，形成共识。

2. 打造校园浓郁的文化氛围。利用班级板报、手抄报等多种形式，展示经典佳句，营造阅读的氛围，使学生耳濡目染中华优秀传统文化，走进经典。

（二）重视读书活动的过程管理

1. 时间落实。每周一节阅读指导课，每天保证放学后 20—30 分钟用于经典阅读，利用学生中午到校后的一段时间阅读。

2. 内容落实。班级和家里有《西游记》《水浒传》《三国演义》等读物，或可向学校图书馆借阅，让同学间互借互传。

3. 辅导落实。每周安排一节经典阅读指导课，让学生读名作名篇；多读书，博览群书，手不释卷。

五、课程评价

课外阅读评价原则包括激励性原则，模糊性原则，个性化原则。经常性的互动评价，有利于培养学生良好的阅读习惯。通过积极有效的评价活动，可以让学生感受阅读的快乐，产生阅读的兴趣，喜欢读书，经常阅读。本课程拟设置以下四种有效的评价活动：

（一）阅读"积分卡"

根据学生名著阅读数量记分，满 5 分可得一颗阅读星。也可参照经典阅读篇目确定考核内容，评出"阅读之星"，每学期进行评比奖励。

（二）实践活动评价表

凡要求学生的阅读书目，要做到师生同读，并通过师生间的讨论交流共同分享彼此的点滴收获，制作实践活动评价表，参与讨论发言的获赞。

（三）我是故事大王

在学校组织读书讲故事活动比赛。组织评比"阅读大王""读书明星""书香家庭""书香班级"等优秀集体和个人。

（四）共读记录表

引导家长开展"亲子共读，创书香家庭"活动，设计亲子共读记录表，家长每天填写孩子们读书书目、读书时间，养成家长与孩子一起阅读经典小说书籍的习惯。

（课程开发者：陈洁娜）

课程智慧 1-6

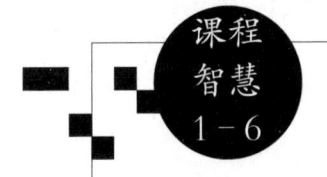

名人传记

适合年级：六年级

一、课程概述

传记，是一种常见的文学形式。主要记述人物的生平事迹，根据各种书面的、口述的回忆、调查等相关材料，加以选择性的编排、描写与说明而成。传记和历史关系密切，某些写作年代久远的传记常被人们当史料看待。一般由他人记述，亦有自述生平者，称"自传"。而人物传记，是遵循真实性原则，用形象化的方法记述人物的生活经历、精神面貌及其历史背景的一种叙事性文体。传记不同于一般的枯燥的历史记录，它又具有文学性。它是写人的，有人的生命、情感在内；它通过作者的选择、剪辑、组接，倾注了爱憎的情感；它需要用艺术的手法加以表现，以达到传神的目的。

在当前信息网络化，文化多元的社会，时时刻刻影响着人们的思想生活和意识形态。小学生处于人生观、世界观尚未完全形成的时期，认识问题肤浅，克制能力薄弱，受环境影响较大。伟人成功背后的艰难历程和坚毅的奋斗精神和历史功过，是现在小学生更需要的精神滋养，影响着他们正确的人生价值观的形成，这不仅是他们自身成长的需要，更是我们民族发展的需要，是一笔宝贵的精神资源。

本课程的理念是：读名人，学做人。通过本课程的学习，让名人的故事潜移默化孩子们的精神，孩子在解读探索名人人生的经历中，与名人的心灵碰撞，感受他们的心路历程和独特个性，让孩子们确立求真求实、积极进取、勤于探索、勇于创新的人生态度。

二、课程目标

1. 了解 22 位重要历史人物及其主要活动,知道他们的奋斗事迹和成长历程。

2. 探究历史人物与所处时代的相互关系,能科学地评价历史人物。

3. 感受历史人物的心路历程和独特个性,确立求真务实、积极进取、勤于探索、勇于创新的人生态度。

三、课程内容

本课程以了解名人故事,拓宽阅读视野为主题,内容分为四部分:

(一)了解名人

主要内容是了解这些历史人物及其主要活动,当时所处的时代背景,探究他们与时代的相互关系,确定名人的历史作用。

(二)评价名人

主要内容是客观评价人物性格,看待人物的喜怒哀乐、人生起伏,从而在他们身上得到可以在今天的现实生活中实际应用的人生智慧和处世准则,同时也吸取他们身上的教训,在阅读他人人生故事的过程中完善自我人格。

(三)评价标准与方法

主要内容是评价的标准有价值,是否促进生产力发展,顺应历史发展潮流;辩证地从功与过两方面评价,注意人物的阶段特征。

(四)角色扮演

主要内容是分几个小组,孩子结合自己了解的名人,结合所处时代背景,主要活动及人物性格,扮演名人,与名人产生情感共鸣。

四、课程实施

本课程实施之前应该有所准备：名人的收集及筛选，精心备好课，准备学生扮演的服装道具等。本课程用时16课时。具体实施如下：

1. 课程资源

（1）教材：《世界名人传记》，大众文艺出版社。

（2）学案：根据校情、学情编写指导学案。

（3）图书馆：查阅与名人传记相关的书籍。

（4）有关名人的历史音像资料：包括图片、照片、录音、录像和历史题材的影视作品等。

（5）家庭：通过照片、实物以及家长和亲属等了解家庭家族名人。

（6）博物馆：省、市、区级历史博物馆、名人馆。

（8）互联网：网上资源、制作展示历史资料、开发名人历史网页等。

2. 实施手段

（1）学案：编制学案，学案引领，导学合作。学案的体例结构分为：课标聚焦、情感体验、自主学习、思维拓展、知识结构，通过学案对学习全过程进行指导。

（2）参观：充分利用名人馆、博物馆，直观教学、现场讲解。

（3）建立历史人物档案：给感兴趣的历史人物建立档案。形式可以是手抄报、PPT、书签、明信片等

（4）《名人小传》习作：撰写历史的或身边的名人小传，体现探究性学习成果。

3. 学习方法

（1）充分利用多种课程资源，如：教材、视频、网络、图书馆、博物馆资源学习，在班内或小组内交流学习心得。

（2）历史调查：收集历史人物资料，调查家族、社区的历史名人，对其所处的时代、成就、产生的影响做成评价。撰写名人小传。

（3）举办学习成果展示：向同学们推荐展示一位最佩服的历史

人物。

在本课程实施过程中要注意以下两点：

一是学生实践体验与教师点拨指导结合。教学活动中，教师的主要任务是给予指导和帮助。教师的作用贯穿于整个活动过程。如：学生收集资料，了解与评价过程中的点拨与启发，评价后的拓展与延伸。学生在活动中应给予较大的自主权，最大限度地发挥学生自己的主观能动性。

二是科学性与趣味性相结合。在教学活动实施过程中，要针对学生年龄及心理特点，以形象、具体、生动、活泼的形式开展活动，努力设计富有趣味性的教学方式让学生学有所得、学有所乐，使他们在愉快的氛围中增长知识与才干。

五、课程评价

本课程在评价方式上，要求做到形成性评价与终结性评价相结合，自评、家长评、师评相结合。具体做法如下：

1. 参与实践活动评价（自评）：收集中国著名话剧演员，你能获得几个赞？（可以画笑脸😊，可以画星星）

名人信息收集评价表

学生姓名	收集8位及以上名人信息	收集4—7位名人信息	收集0—3位名人信息
	👍👍👍	👍👍	👍

2. 参与课后名人角色扮演（家长评价）：坚持角色扮演练习，你能获得几个赞？（可以画笑脸😊，可以画星星）

名人角色扮演练习参与评价表

学生姓名	坚持每天练习1次	一周能坚持练习2—3次	偶尔想到练习
	👍👍👍	👍👍	👍

3. 参与名人角色扮演(自评、互评、师评)：在集体表演展示过程中，你能获得几个赞？（可以画笑脸☺,可以画星星）

名人角色扮演展示评价表

学生姓名	服从分配	积极参与	整体效果
	👍👍👍	👍👍	👍

附：

《名人传记》学习评价单

姓名：_____ 班级：_____ 评价时间：_____

角色扮演人物：

① 学习过程中的表达交流。包括收集与整理课前资料、大胆表明自己观点、自信展示自己等。

② 课程活动中的参与效果。包括按照学习任务单中的要求进行赏析、练习等。

③ 团队活动中的合作分享。包括在团队活动中积极参与,在讨论中能虚心听取他人的意见,能服从分工,并能主动地帮助他人。

（课程开发者：钟燕芬）

第二章

语香课程：跳动着生命的灵气

语言演绎生命。让我们重温海德格尔"语言是存在的家"之名言,让我们跟随海德格尔的指引去倾听语言言说自身,追寻命运之呼唤,思存在之真在吧!语言是情意的载体,让人文栖息,让生命鲜活;语言是存在的家园,让笔下的精灵,跳动着灵气;语言是心灵的归宿,让存在更有意义!

海德格尔说:"语言是存在的家。"海德格尔的哲学话语是丰腴的、意味隽永的,他用哲学闻所未闻的平凡的语言道出了存在,道出了人们存在其中而不自知的生命家园。语言与存在的这种关系,正如语言与家园的关系。语言就是存在,存在也就是生命,存在与语言、语言与生命浑然一体,存在只是因语言而在,语言也只是存在的言说,语言澄明了生命的疆域,而存在也敞开语言言说的可能性。语言学习的天地与生活的天地一样广阔。含义就在于此。语言是生命的本质,让我们的生命源泉激发昂扬斗志……生命的成长,需要存在的资源,在课堂中进行扎实、真实、丰实的言语实践,能帮助学生将已经积累的语言文字转化为酝酿着自身情感的、彰显自身个性的"话语",从而成就一个个鲜活的、充满生机、朝气蓬勃的生命存在。

语香课程的理念就是亲近语言,习得言语能力,实现语言与生命的同构。我们用语言讲述精彩的人生。语言包含了丰富的情感世界和人生内涵,具有内在性和人文性。因此,我们开设的语香课程,既是传承民族文化,又是引领学生亲近语言,习得言语能力,增长言语智慧的课程。语香课程应当成为一种"有文化的课程",具有文化的内在底蕴,具有超越任何模式和技巧的大家风范,带领学生走向生命的大智慧和大气度。

语香课程旨在引导学生丰富语言的积累,培养语感,发展思维,掌握学习语言的基本方法,养成良好的语言习惯,使他们具有适应实际需要的识字写字能力、阅读能力、写作能力、口语交际能力,同时,语香课程还应通过世界上优秀文化的熏陶感染,提高学生的思想道德修养和审美情趣,使他们逐步形成良好的个性和健全的人格,促进德、智、体、美诸方面的和谐发展,从而实现语言与生命的同构。有鉴于此,我们致力开发语香品质课程,在语文学科的"课外阅读""经典诵读""硬笔书写"这三方面和英语学科的"电影配音""自然拼读"两方面,积极开发适合各年段学生语言素养发展的课程,是架起语言实践与生命成长的桥梁。让学生进行言语实践,靠自己的体验、感悟以及独特的视角去学习发现的方法、思维的策略,去欣赏、判断和发展,从而获取丰富的知识,发展真实的情感。

全球读经教育首倡者、台中教育大学王财贵教授也认为:诵读经典是汲取人类智慧最便捷最有效的教育方法。我们开设以经典诵读为主要方式的语言课程。我们在中外经典美文中挑选适合的语段,作为学生开展经典诵读的内容,让学生通过琅琅的诵读,提高学习语言的兴趣,丰富语言积累,掌握语言学习的方法,促进学生阅读和写作能力的提高,改变学生的语言学习方式,让学生的生命历程中书声琅琅。

语言延续生命存在的意义。语言是反映生命自身最为基本的方式。我们以为强烈的阅读与写作兴趣是学生的言语生命得以张扬的保证。为了确保能达到一定的课外阅读量,语言类学科老师要创造一切条件,加强课外阅读的指导。因此,我们开发了以课外阅读为主题的语言品质课程,积极拓展渠道,为学生的课外阅读保驾护航,让学生徜徉在书海中,在书的海洋中去积累语言,亲近语言,陶冶情操。语言只有在真实表达生命这一点上才实现了自身存在的意义。在分享阅读感受和生命感悟的表达上,让语言去承载生命的意义,让语言去延续生命的存在。

生命的本质,也是一种语言,甚至是一种语言系统。为适应和满足社会进步与学生语言发展的需要,语言教育必须在课程目标和内容、教学观念和学习方式、评价目的和方法等方面进行系统的改革。语香课程高度重视课程资源的开发与利用,创造性地开展各类活动。与单纯的语言训练不同,语香课程更关注有生命内涵的言语材料,挖掘最有价值的语言训练素材,通过师生、生生及素材的有效交流,拓宽学生的文化视野和思想空间,与学生一同经历感动,获得宝贵的人生历练。语香课程分别从"课程概述""课程目标""课程内容""课程实施""课程评价"五个方面去阐述,使我们的语香品质课程有足够的理论支持,深入浅出地指导教学,有理可依,切实可行,是我们语言教学的延续和补充,实实在在地指导语言学科的教育,夯实学生语言知识和提高学生的语言素养。以使他们在语言的家园中流光溢彩,五彩缤纷,还要使他们在语言与生命的和谐结构中张扬个性,完善人格。

语言演绎生命,延续存在,让我们重温海德格尔"语言是存在的家"之名言,让我们跟随海德格尔的指引去倾听语言言说自身,等待命运之呼唤,思存在之真在,诗语言之本真道说吧。语言学家索绪尔认为语言和思想是同构的。语言是情意的载体,让人文栖息,让生命变得生动鲜活;语言是存在的家园,让每个生命笔下的精灵,跳动着生命的灵气;语言是一片滋润心灵的归宿,让人焕发神采,让人的心灵成长,语言让生命存在的意义更加精彩!

(撰稿者:钟彩云)

课程智慧 2-1

读百家，诵千言

适用年级：三年级

一、课程概述

诵读是我国传统语文教学的一种做法。但随着教学理念和教学方法的不断改进和完善，诵读已不单单是纯粹的语文教学方法，它不仅要求读出声音，而且还要有高低、有长短、有顿挫、有节奏，从诵读中品味作品的情趣和神韵；它不仅是将文本文字以声音语言的形式展示出来，更加融入了艺术性的演绎；它不仅局限于课堂教学，还可以在更广阔的舞台上展示。所以，诵读是声音的艺术，是文字与情感的演绎，是一种有动感，有美感，有质感的语言艺术。

诵读通过声音语言的艺术演绎，使学生获得审美体验和美育教育，有助于培养学生的独立阅读能力。同时，学生在诵读中不断吸收名言警句、优美段落、行文特色等，获得文化素材的积累，读写的相互促进，对提高表达和写作能力都起到很大的帮助。近年来，广州市每年定期举办中华经典美文诵读大赛，大力弘扬中华优秀传统文化，更是推进了中小学生的诵读教学的发展。

本课程的理念是：让书声润泽心灵。这一诵读课程中以《读百家，诵千言》为读本，通过本课程的学习，学生能初步认识和了解中国各时期代表性的贤哲大家的故事及其主要思想。教材中每一句名言都附有详细的注释，适合三年级的学生开展自主阅读和理解，并在理解的基础上进行诵读，初步感受文言文的语言特色，进一步丰富学生的识字量。课程鼓励学生在反复的诵读中去积累自己喜欢的句子，通过声音语言去领会和表达作者的思想情感，提高学生的朗读能力，增强话语的流畅表达程度。

二、课程目标

1. 初步认识和了解中国各时期代表性的贤哲大家及其主要思想。
2. 能在理解读本的基础上读出不同的语气，比较准确地表达读本的思想感情。
3. 通过诵读积累名言名句，感受诵读经典的魅力。

三、课程内容

本课程以《读百家，诵千言》为诵读素材。该书由广州市黄埔区教育局教研室曲天立编著，从千万册的典籍之中精选了中国历代百位贤哲大家的主要思想和言论汇编成册，将传承文化、道德教化、语言积累、文辞表达融为一体，为学生打开了一扇走进中华优秀传统文化的大门，帮助学生积累名家名句，提升道德素养和文化底蕴。本课程根据三年级学生的学习、认知、理解能力，围绕课程目标，从该书中挑选出具有代表性的16位名家的名言作为课程内容，这些句子都是耳熟能详、朗朗上口且适合三年级学生诵读和理解。本课程将精选出来的句子做进一步的编排，将内容分为五个模块：

（一）孔孟之道

儒家学说作为中国传统文化的主要构成，蕴含了中华民族的伟大精神，其思想深刻地影响了中国几千年的历史，乃至世界思想史和世界文明史，奠定了中华文明的基调和地位。孔子和孟子是儒家文化的两大代表，孔曰"成仁"，孟曰"取义"，相辅相成，相得益彰。该模块选取了孔子和孟子这两位圣贤之师的思想言论为诵读内容，侧重让学生在诵读中，从个人修养、人际交往、精神意志等方面，体会孔子和孟子的思想精髓，领悟儒家文化的"仁义"理念。

（二）老庄之学

道家作为中国传统文化的另一大学派，以"道"为核心，主张大道无为、道法自然,在中华文化的各个领域中都产生了巨大的影响。老子是道家思想的集大成者,庄子是继老子之后道家学派的代表人物,二者的思想合称"老庄"思想。该模块以道家的这两大代表人物的言论为内容,选取他们的经典名言,让学生在诵读中感受"老庄之学"的思想精华,联系实际经验,体会道家学派的处世哲学。

（三）读书有法

中国古代贤哲多以读书作为修身之道,也以读书作为出路,并在读书中总结出了关于读书的体悟,包括读书的方法、读书的用途、读书对修身立命的影响等,许多读书的方法和思考至今对我们读书仍有很大的启迪和指导意义。该模块摘取与读书有关的名家名言为诵读内容,切合学生的实际经验,学生能够在诵读中了解古人的读书之道,感受读书的妙趣和对自身修养的作用。

（四）勤学勉励

"勤奋好学"是千古贤哲所持的一种价值观,学生诵读名家名言,除了积累词句,更在于从中获得精神上的勉励,从先贤名家的思想言论中获得积极向上的正能量。该模块选取的诵读名句与"勤奋学习"有关,与学生的学习经验紧密联系,意在引导学生从经典诵读中感受先贤们积极进取的学习品质,通过诵读经典引起共鸣、勉励自我,提高自身的学习素养。

（五）修身立志

"修身、齐家、治国、平天下"是许多古人读书的追求,这其中蕴含了对自身修养的要求和胸怀大志的追求。该模块的诵读内容围绕"修身立志",选取的古代名家言论包含了个人修养、人际交往、壮志情怀等方面。学生通过诵读感受千古贤哲们思想情操,领悟树立志向、积极进取的意义和价值,提高自身道德修养,引导学生树立远大志向,鼓励学生为心中的理想而不懈努力。

四、课程实施

《读百家,诵千言》选编了中国历代百位贤哲大家的主要思想和言论,但课堂上不可能对每位大家的言论进行详细的教学,本课程筛选了16位名家的言论,共35句经典名言作为诵读内容。这些句子既体现贤哲的主要思想,也能够切合学生实际经验,让学生更好地理解和诵读。教师应该以课堂和所选的内容为契机,教给学生诵读的方法,鼓励学生在课后选择教材中感兴趣的名家名言开展自主诵读。为了达到更好的教学效果,教师可以借助多媒体等资源,通过文字、图片、音像资料等,帮助学生入情入境地开展诵读。学生以4—7人为一个小组,可以给自己的小组拟定一个名称,以便在课堂教学中开展小组活动。本课程用时8课时,实施路径与方法如下:

(一)认识名家

借助读本中对各大家的简介,认识中国古代具有代表性的贤哲大家的主要信息及其思想、著作等,对不同名家的主要思想有整体的把握和认知,但对人物的生平不必做深入的拓展,可适当采用多媒体视频让学生对人物有大致的了解。

(二)名句诵读

通过自主朗读、小组合作朗读、默读等不同的形式,读通每一课中的句子,做到流利地朗读,吐字清晰,不添字,不漏字,不改字,适当地处理长句中的停顿,在书声中感受诵读的魅力。可通过以下四种诵读形式开展:

1. 自由朗读

作为诵读课程,大声朗读是实施的首要步骤。学生通过自己的发声朗读,走进读本的内容,感受读本的语言,体会文字的情感。课堂上,教师应该根据该课时诵读的文本内容,鼓励学生用正确流利的普通话朗读名家名言,并借助工具书查阅生字,通读句子。

2. 教师领读

文言文的朗读对于中年级的学生来说还是较为陌生的,教师可以通过领读带领学生感受文言文的语言节奏感,帮助学生更好地通读句子,达到更佳的诵读效果。在领读前,教师不一定要一字一句地带着学生来读,可以先聆听学生齐读或指名朗读后,再针对一些比较难读的句子,重点进行领读,能够更有效地指导学生读通文本。

3. 合作朗读

学生个体的朗读可能未能发现或解决自己朗读中的问题,小组合作朗读可以弥补这一缺点。课堂上,教师组织学生以四人小组为单位进行文本的朗读,在小组朗读中互相纠正对方的读音和读错的句子,让一些学习能力较弱的学生在小组成员的带动下开展文本的朗读,发挥学生自主合作学习的能力。

4. 自主默读

默读是中高年级要学习的一种阅读方法,能帮助学生深入体会文本内容的含义。在诵读课中,学生也需要通过默读,来理解和领悟文本的深层意蕴,才能实现更好的诵读效果。在课堂上,教师可以引导学生自主默读读本中的名家简介,了解名家的主要思想和著作,默读读本的译文,理解句子含义,把握名言警句的内容和情感。

(三)合作交流

在读通文本和理解译文的基础上,名言警句的积累需要内化成学生的个人体验,让学生在读中产生共鸣,就需要学生能够把文本阐述的道理和自己的生活经验联系起来,才能更好地把握读本的内容。小组合作交流的形式可以 4—7 人小组为单位,学生借助读本中的译文理解句意,在理解的基础上交流自己的感悟,结合生活实际和经验谈谈自己对句子的理解和体会。

(四)名句积累

文本的朗读和理解最终是让学生把喜欢的名言积累下来,加深学生对读本的理解,提升学生的文化底蕴和综合素养,这也是该诵读课程的最终目的。学生在熟读成诵和理解交流的基础上,选择自己最喜欢或体会最深刻的 3—5 句名言进行重点的背诵积累是必要的。课堂上,教师应该留出一定时间给学生进行背诵,还可以设置相应的阅读积累本进行摘录,通过摘抄加深记忆。

(五)创编展示

诵读是一门语言表演艺术,通过语言和情感的结合演绎读本。教师可以在课堂上适当指导,用小型的诵读比赛,以个人或小组为单位,学生自主选择读本素材,进行创造性地编排,展示该课时中的诵读积累成果。多样化的形式既可以提高学生对诵读的兴趣,也能够培养学生的语言艺术创造能力,让学生在编排和表演中感受诵读的魅力,加深对读本的理解和积累。

五、课程评价

本课程主要采用积分制评价、赛事性评价两种方式对学生的表现进行综合考评。具体操作方法如下:

（一）积分制评价

这项评价是对学生学习兴趣、技能掌握、成果展示三个方面的表现进行随堂评价,包括自评和师评。可以设置如下表格,填涂相应的梅花数量作为积分方式,三朵梅花表示各方面的表现能达到很好的要求,两朵梅花表示各方面的表现做得较好但仍有做得不足的地方,一朵梅花表示各方面的表现还未能很好地达到要求。

作为随堂评价,教师可以掌握和了解学生个体在本课程中的学习情况和进步情况,学生在对自我的评价中,也会进一步增强对本课程的学习兴趣和自信心。每节课教师可以对表现突出的学生进行相应的奖励,激发学生学习本课程的热情。

《读百家,诵千言》个人表现随堂评价表

学生姓名		日期	年　月　日
评价项目	具体要求	自评	师评
学习兴趣	诵读真有趣	❀❀❀	❀❀❀
	发言真踊跃	❀❀❀	❀❀❀
学习技能	发音真准确,诵读真流利	❀❀❀	❀❀❀
	诵读有感情	❀❀❀	❀❀❀
	背诵积累了＿＿句名言	❀❀❀	❀❀❀

续表

评价项目	具体要求	自评	师评
成果展示	小组合作真有意思	❀❀❀	❀❀❀
	诵读展示真精彩	❀❀❀	❀❀❀
合计			

（二）赛事性评价

赛事性评价主要针对期末考核成果展示的评价，可分为两种：

1. 诵读展演：以小组为单位，学生自主选择《读百家，诵千言》中的内容，编排诵读节目，教师给予适当的指导。安排一个课时的时间让各小组轮流进行展示，作为期末考核，对节目进行小组互评和教师评价。

（1）小组互评：学生对上台展示的小组进行各项的综合评价，结果以 A、B、C 三个等级呈现。教师回收表格对节目得到的成绩进行综合考察。具体表格如下：

《读百家，诵千言》小组展示学生评价表

小组名称			评价人签名	
评价项目	字音准确	情感充沛	团结合作	形式创新
等级				

（2）教师评价：教师对上台展示的小组中的每名成员的各项表型进行评价，结果以 A、B、C 三个等级呈现。具体表格如下：

《读百家，诵千言》小组展示教师评价表

小组名称				
评价项目	成员姓名			
字音准确 表达流畅				
情感充沛 表情生动				

续表

评价项目	成员姓名				
积极参与团结合作					
综合					

2. 书面展示：以《读百家，诵千言》为内容，自主选择一位名家的名言或同一个主题的名言作为内容，设计手抄报、书签等，将作品展示出来，由学生进行民主投票，选出最受欢迎的作品，数量可视具体情况而定，并给予相应的奖励。

说明：诵读展演和书面展示既可以班级为单位开展，在各个班级内自行组织，也可借助学校的书香节、艺术节等活动，开展全校性的展演和展览，给学生的诵读才艺和读书成果提供一个更大的舞台。

（课程开发者：唐晓文）

课程智慧 2-2

童话童心

适用年级：三年级（上学期）

一、课程概述

童话是儿童文学的重要体裁，是一种具有浓厚幻想色彩的虚构故事，其语言浅显生动，通俗易懂。故事中对自然物往往作拟人化的描写，像会说话的动物、精灵、仙子、巨人、巫婆等，多采用夸张、拟人、象征等表现手法去编织奇异的故事情节，其主旨往往是教人勇敢、热情、善良、慈爱，反对卑鄙、怯懦、邪恶、虚伪。

童话故事的阅读，一方面可以丰富学生的想象力，促进思维的发展。另一方面，故事中生动的形象、曲折的故事情节可以帮助学生认识社会、理解人性，从而促进学生性格的成长，引导学生做一个通达事理、明辨是非的人。

本课程的理念是：读童话，润童心。在阅读的过程中，让学生充分地感受童话故事的特点——丰富的想象、夸张、拟人等表现手法，感受故事中生动形象的美好品质，从而内化为对自己有用的能力，从小培养一颗善良、勇敢的心。

二、课程目标

1. 通过朗读训练，初步感受童话的语言表达特点。
2. 提高童话阅读的兴趣，养成良好的阅读习惯。
3. 领悟童话故事的内涵，感受童话故事的真善美。

三、课程内容

本课程以"让孩子爱上童话阅读"为主题，内容分为四个模块：

（一）了解童话

主要内容是了解童话的概念、类别和语言表达特点，了解古今中外优秀的童话代表作家及其作品，通过品读部分童话经典，增进学生对童话的认识。

（二）鉴赏童话

主要内容是通过品读童话经典作品，赏析童话的语言表达方式，能够说出对童话作品人物的感受，增强童话阅读的欣赏能力，培养对童话阅读的兴趣爱好。

（三）演童话故事

主要内容是渗透演童话故事的方法，让学生在充分浏览童话故事的基础上，通过互相讨论和分享的形式，通过语言、动作、神情的表达，绘声绘色地演绎童话故事，从而激发学生的想象力、创造力和表达能力。

（四）写童话故事

主要内容是渗透写微童话故事的方法，引导学生观察生活，从生活中寻找素材，从而编写微童话故事，培养学生的观察力、想象力和创造力。

四、课程实施

本课程实施之前精心挑选童话阅读的读本，根据课程需要选择适合儿童观看的童话故事视频，根据课程需求进行 PPT 制作。本课程共 4 个篇章，用时 16 课时，每课时 40 分钟。具体实施途径与方法为：

1. 讲授法

在本课程初期，主要采取讲授法，讲授法也就是以教师讲为主导的一种教学方式。让学生在充分浏览童话故事的基础上，教师介绍童话故事的体裁特征和类别,初步概括童话故事的语言特点和表达形式,让学生感受童话语言的浅显易懂和生动有趣,让学生初步感受童话故事中拟人、夸张、想象等表现形式,激发学生对童话故事的兴趣。

2. 品读法

品读法也就是抓住关键句进行朗读与鉴赏。在本门课程教学过程中,当学生对童话故事的语文表达效果有初步的认识时,教师可进一步引导学生抓住文中重要的句子进行品读,指导学生在朗读的过程中,理解句子表情达意的效果,提高语言表达的鉴赏能力,增加语言的积累,增强文化底蕴。

3. 角色扮演法

角色扮演法就是让学生通过语言、动作、心理、神态等表现方法,以小组合作的形式把经典的童话故事进行表演。让学生在合作的过程中,提高自己的表达能力和沟通能力,激发学生的想象力和创造力,进一步激发学生对童话故事的兴趣。

4. 故事创编法

故事创编法就是指在教师的指导下,引导学生观察身边的事物,从而利用身边的素材进行微童话故事创编。例如以学生运动会的照片,和森林动物的照片进行对照,激发学生的想象力,渗透编写童话故事的方法,创作微童话作品《森林运动会》,激发学生的创作欲望。

(四)在本课程实施过程中,要注意以下两点:

1. 趣味性原则

童话是最贴近孩子的一个神奇的世界。童话作品中的情趣容易被儿童接受,又有助于儿童的成长。因此,教学中,我们首先要凸显童话的趣味性。俗话说,良好的开端是成功的一半。要想凸显童话对孩子的吸引力,培养学生阅读童话的学习兴趣,趣味性的导入是很关键的。

2. 以读为主原则

童话阅读课应聚焦于"能读"和"爱读"上,因童话的语言浅近生动、简练质朴,而且对话很多,最适合运用朗读来教学。我们应当遵循以读为主原则。在童话阅读的课堂上朗读尤为重要,无论是教师的读还是学生的读,都同样重要。朗读,不管是表情朗读,还是表演读,都很容易让学生真实地走进故事情景中,与文中人物融为一体,高兴着文中人物的欢喜,痛苦着对方的哀伤。

五、课程评价

(一) 评价原则

在课程评价思想上,首先,本课程主要遵循客观性原则,要做到评价标准客观,不带随意性。其次,发展性原则,课程评价应着眼于学生的阅读进步、动态发展,提高教师的教学质量和水平,调动师生的积极性。最后,指导性原则,课程评价应能指出教师和学生的长处与不足,从而促进教师与学生的共同进步。

(二) 评价方法

1. 等级评价

本课程在评价方式上,为了积极调动学生的积极性,采取学生自评和教师评价相结合的方式,分别从阅读兴趣、阅读习惯和阅读能力三个方面进行评价,通过统计所得梅花的数量来评定 A、B、C 的等级,具体做法如下:

"我爱读童话"评价表

班级:_____ 姓名:_____

年级	评价项目	具体要求	自评	师评
三年级	阅读兴趣	具有一定课外阅读的意识,有阅读童话的兴趣,爱读童话、想读童话,积极参与读书活动。	❀❀❀	❀❀❀
	阅读习惯	坚持每天阅读童话故事 20 分钟,能与人交流读书感受,学会摘录好词好句。	❀❀❀	❀❀❀
	阅读能力	1. 在阅读中能练习上下文,借助字典和生活积累理解词语的意思。 2. 初步把握文本的主要内容,对不理解的地方提出质疑。 3. 学习欣赏方法,在提示下能对人物和优美的语言作出评价。	❀❀❀	❀❀❀

续表

年级	评价项目	具体要求	自评	师评
		等级		

说明:
1. 每一项分别为优、良、待提高
优:3朵梅花;良:2朵梅花;待提高:1朵梅花
2. 等级分 A、B、C、三个等级
A:7—9朵梅花;B:4—6朵梅花;C:3朵梅花;

2. 荣誉性评价

(1)在童话剧表演这个环节中,根据小组人员的语言、动作、神态、心理等演绎过程,颁发若干个小组为"我是小小童话表演家"的荣誉称号。

(2)在童话故事创编这个环节中,根据学生创编故事的新颖度和流畅度,评出若干名同学为"我是小小童话故事家"的荣誉称号。

(课程开发者:李思慧)

课程智慧 2-3

读百诗·识千字

适合年级：一年级

一、课程概述

《读百诗·识千字》是一本从全唐诗及千家诗中精选100首古诗作为韵文识字的材料，内容涉及天文地理、生活常识、历史掌故、神话传说等。《读百诗·识千字》选取的标准除知识性、趣味性、文学性外，还有一个更重要的考量是生字容量，用字力求最少重复。其中40首五言绝句、60首七言绝句，总字数为2 480个，生字1 356个。平均每首诗12—13个生字，每首诗相当于一个"小字盘"。在识字材料的编排上，每首诗都配一幅图，并将古诗改编成小散文。

对学生来说，《读百诗·识千字》就好像一个小型的百科全书。它能开发儿童的头脑，开启儿童的智慧，塑造儿童的灵魂，挖掘儿童的真、善、美，让学生在诵读过程中扩大识字量，获得古诗文经典的基本熏陶和修养，享受阅读的乐趣。当学生记起这首诗的时候，不但会被古诗的思想和意境所陶醉，还会自然地想起里面的每个字，实现了积累经典与韵语识字的同步，同时积累文化经典、丰富人文知识、陶冶思想性情。

本课程秉持以下理念：学经典、明事理、长知识。本课程将语文学习与中华优秀传统文化对接，实现传统文化教育的常态化，体现和遵循了汉语识字"相对集中、韵语成诵、文道结合"的特点和规律，充分发挥和运用无意识学习在母语学习中的优势与作用，以经典文化古诗歌为载体，通过各种活动诵读经典古诗，加大母语文化的信息刺激容量，让学生在愉快的氛围中，将经典诵读与认字识字结合起来，增进语文素养，丰厚文化底蕴，感受阅读诵读之美。

二、课程目标

1. 欣赏古诗,初步去感受古诗的魅力,对古诗产生想听、想学的兴趣。
2. 有节奏地诵读古诗,记住诗文中的汉字,感受古诗的韵律美,增加识字量。
3. 了解古诗内容,并用各种形式表演古诗,增强语言表达能力、肢体表演能力和想象能力。

三、课程内容

本课程以孩子爱上诵读诗文,识字为主题,提高学生的朗诵能力、语言表达能力、表演能力、创造能力,围绕以上增长点,本内容分为五个模块:

(一)朗诵鉴赏

主要内容是通过欣赏一些优秀的诗文作品,体会到诗歌的节奏、停顿以及诗歌韵律美,情感的变化,感受古诗的思想和意境,从而激发学生对朗诵的兴趣,对古诗产生想听、想学的兴趣,并激发上台朗诵的欲望。

(二)朗诵识字

主要内容是图文识字、诵读识字。在识字材料的编排上,每首诗都配一幅图,并将古诗改编成小故事,既是对研讨的解读,又方便教师和家长亲子阅读。通过图文结合,以及故事讲解诗文,让学生能够更自然地明了诗文内容,自然就记住诗文的生僻汉字,对诵读诗文更能读准发音,让声音更加饱满,让学生陶醉古诗的思想和意境同时还会自然地想起里面的每个字,实现了积累经典与母语识字的同步。

(三)情境诵诗

主要内容是各种情境即兴诵文。低年级以情景式学习为主,开展讲故事诵诗文、看图诵诗文,也可以用肢体语言进行诵诗文,还可以给每一首诗配上音乐旋律,动作表情,边唱边表演诗文。

（四）游戏问答

主要内容是通过游戏的形式加强古诗生字的记忆和古诗文内容的记忆。识字方面可以通过比赛诵读识字、指读认字、扩展联字、拼诗找字等游戏进行；诗文方面可以通过看图猜诗句、古诗词填空、看意思猜诗句、看要求写诗句等形式进行。

（五）成果展示

主要内容是编排一场古诗词表演会，可以选一首诗文或者连续几首诗文进行故事表演，让孩子参与选材、选音乐、配合动作情节在舞台上展示，呈现出一个精彩的节目，展现给自己的家人和观众欣赏。

四、课程实施

本课程选取适合儿童的简单有趣的诗文供参考。本课程用时共 30 课时，每周 1 课时，每课时 40 分钟，现以一年级下学期 16 课时进行课程实施。

（一）赏古诗，激兴趣

设计各种形式进行古诗欣赏，如视频动画播放、结合诗文插图，通过讲故事的形式，再配乐朗读古诗，动感鲜艳的画面可以激发学生学习古诗的兴趣和欲望，而且还能更明了地理解诗文的意境。

（二）读古诗，识千字

设计各种形式进行古诗朗读，如分角色朗读、配乐朗读、打拍子朗读、老师带读、自由读、个别读、小组读、给古诗画上节奏读，等等，通过反复读，让儿童识其形、记其音、解其义，实现汉字音形义的整齐学习。现有老师或家长带领学生读诗，学生跟随着诵读，让学生对古诗熟读熟记，出口成诵，并且大致了解古诗的含义，使学生对诗中所学的每个字在音形意之间建立起初步的联系，明理知事，提高诵读的兴趣。

1. 指读认字

让学生用手指指点诗中的每一个字读古诗，一音一字地读下去。以读带字，音形统一。经过反复练习，儿童就能在读音与字形间建立起稳定的练习。达到见形知其音，即识字的效果。

2. 打棉胎识字

分小组合作,把生字卡片像摆摊一样摆在桌面上,组长读出生字,其他同学以最快的速度拍打生字。这样可以大大地提高学生识字的兴趣。

3. 扩展联字

用古诗中的每一个生字进行组词练习,进一步扩展联想,加强对该字的理解。

4. 找字拼诗

将每一首诗中的每一个字做成一个字卡,将古诗字卡的顺序打乱,让儿童读音找字,在操作游戏中把古诗完整地拼出来,这样经过多次反复,儿童不知不觉就牢牢记住了本首古诗中的生字。

(三)吟古诗,懂诗情

在熟读古诗的基础上,教学中每一首诗让学生弄清楚古诗写了哪些意境(景物)?这些意境怎么样?或者你仿佛看到了什么?仿佛听到了什么?还通过联系诗人的平生事迹、抓诗眼解释题、看插图解诗句,从而读懂古诗的内容。理解诗文的基础上,可以通过一系列的游戏练习巩固诗文:如看图猜诗句、古诗词填空、看意思猜诗句、看要求写诗句等形式加深对古诗的理解。

(四)演古诗,入意境

分小组进行古诗表演。在读懂古诗的基础上,把古诗变成故事,小组合作表演古诗内容。还可以配上音乐,加上肢体语言,有节奏地吟唱古诗。

五、课程评价

本课程在评价方式上采取等第性评价、积分制评价、荣誉性评价的方式,具体做法如下:

(一)等第性评价

本课程通过听读古诗、打棉胎识字、扩展联字、找字拼诗四个部分,分小组考察学生的识字量,由组长负责组织游戏,看谁认识的字多。以(3星级——5星级)为评价等级。

板块	级	级	级
听读古诗			
打棉胎识字			
扩展联字			
找字拼诗			
总评(优秀、合格、良好)			

(二) 积分制评价

学生在理解诗文的基础上，可以通过一系列的游戏练习巩固诗文：如看图猜诗句、古诗词填空、看意思猜诗句、看要求写诗句等形式加深古诗的理解。各项分值由高到低得分是3、2、1分。

古诗内容	看图猜诗句	古诗词填空	看意思猜诗句	看要求写诗句	总评

(三) 荣誉性评价

开展评选"我是小演员"活动，给学生一个小舞台，用表演的形式展示古诗内容，可以选择好背景音乐，诵唱古诗、表演古诗等各种形式展演古诗。各项分值由高到低分别是4、3、2、1、0分。

表演诗文内容	音乐分	表情分	情节分	掌声分	综评

(课程开发者：钟桂萍)

课程智慧 2-4

日有所诵

适用年级：四年级

一、课程概述

诵读就是用清晰、响亮的声音，结合各种语言手段来把文字作品转化为有声语言的创作活动，是完善地表达作品思想感情的一种语言艺术。诵读是口语交际的一种重要形式。对孩子而言，诵读不仅可以提高阅读能力，增强艺术鉴赏，更为重要的是，通过诵读，既可以陶冶性情，开阔胸怀，文明言行，增强理解；又可以有效地培养对语言词汇细致入微的体味能力，以及确立口语表述最佳形式的自我鉴别能力。

诵读具有文学性、艺术性和表演性。诵读的内容一般都是诗歌、散文、小说、古文等文学作品。文学作品通过诵读可以再现作品描写的人物形象、环境气氛和生活场景。诵读是一种比较精细、高级的有声语言艺术，一般都在舞台上，在大庭广众之中进行。因此，诵读者必须具备一定的表演技能，要有优美的语音、端庄的仪态、丰富的表情。诵读者还可以适当化妆，可以运用灯光布景，可以进行配乐。因此，诵读既能提升孩子的文学修养、艺术情操，又能锻炼孩子的表演技能。

本课程的理念是：感受诵读之美。学生了解中外名诗人的主要事迹，初步体会他们的诗歌风格，增强孩子话语的流利程度，感悟文学作品的魅力。诵读时可通过教师范读、音乐渲染、道具辅助等方法让学生感受到诵读的魅力，学生在一次次的诵读中，投入自己的情感，走近诗人，走进诗意中，与诗人产生共鸣，感悟文学作品的魅力。

二、课程目标

1. 了解并感受诵读的魅力，提高朗诵能力。
2. 参与诵读训练，积累诵读技巧，增强对文学作品的感悟能力。

三、课程内容

本课程的内容是以四年级《日有所诵》为诵读素材，主要以诗歌为载体，学习书中中外名人所著的诗歌。本课程内容大致分为以下4个模块阶段：

（一）诵读欣赏阶段

教师利用网络下载相关诵读方面的视频，学生通过欣赏一些优秀的诵读作品，体会到情感的变化，感受到诵读的魅力，从而激发学生对诵读的兴趣。

（二）形成个人风格和特色阶段

教师平常在诵读课上传授诵读技能，学生能够正确发声，让声音更加饱满，并通过不同形式的模仿、诵读、再模仿、再诵读的过程，能结合个人表情、肢体动作，多媒体音乐等体验诵读作品的情感。

（三）自主诵读阶段

学生在掌握了一些诵读技巧的基础上，分小组开展自主选诗歌、配乐，自主排练的活动。让学生选一首自己喜欢的作品，自选合适的音乐，自创肢体语言进行诵读。

（四）成果展示阶段

学生自己根据自己的喜好，在四年级《日有所诵》中的作品，选择一些能突出自己诵读特长的作品进行组合，编排一场诵读表演。展示的方式可以是个人、可以是小组。此目的是让孩子参与选材、选音乐、组建肢体语言、编排等每一个环节，通过一次次的排练，呈现出一个精彩的诵读节目，展示给自己的家人和观众。

四、课程实施

本课程是以四年级《日有所诵》为诵读素材,面向四年级热爱诵读的学生开展教学,学生总人数不超 46 人,以小组为单位进行学习,每组 8—9 人。教学时还利用互联网,多媒体课件,音像资料等辅助进行。每学年为一个教学周期,上下学期各 16 课时,每周 1 课时,时长 40 分钟。本课程的具体实施方式如下:

1. 启发讲授法

启发式讲授法意在运用讲授法的过程中最大限度地发挥教师的心智水平,采用多种手段启示学生,使学生在学习过程中思维始终处于积极活跃的状态,以达到掌握知识,培养能力,发挥才智的目的。在教师讲授《日有所诵》中各作品时贯彻启发式教学思想并无一定模式,但这并不意味着启发式教学没有规律可循,启发的方法大致可分为:(1)发掘问题,引起兴趣;(2)启发式系统讲授。教师使用的启发方法主要是提问,包括自问自答。用好启发式讲授法的关键在于教师的启发是否与学生的思维一致、教师的讲授是否清楚,以及启发与讲授是否有机融合,表现在教学实施中就是教师在当提问、有效追问和教学语言精当、生动性方面。启发式讲授法优点在于既给学生适度的思考空间,又便于教师掌控。

2. 诵读模仿法

诵读就是把书面语言转化为响亮的口头语言。这是一种眼、口、耳、脑多种生理机能共同参与、协调动作的阅读,它能训练语音,再现课文情境,加深理解,培养记忆力、语言感受力、口头表达力,增强语感。诵读的形式可谓多种多样:有范读、配乐朗读、诵读、齐读、单读、接力读、对读、分角色读、赛读、录音读、表演读等。模仿的方式主要是跟读。学生在诵读成诵的基础上模仿老师或者同学的读法,更能深刻体会文本的深层意思。亦可利用网络,下载相关诵读方面的视频给学生观摩后模仿着读。

3. 资料收集法

学生根据《日有所诵》中各作品的主题,自己收集关于作品的作者、时代背景等资料,以便于更好地理解所要诵读的作品。收集资料的方法很多,查阅书报、上网、读报、剪贴、摘抄、调查、走访、访问等,其中最常用的是(查阅书报)和(上网)。教师结合学生所收集的资料对作品进行解读,学生的理解就更透彻。

4. 感想讨论、分享感受法

讨论是就某一问题进行观点的交流,把自己对作品的感想分享给同伴,其结果不一定能够达成某种共识,其意义在于就《日有所诵》中各作品中的某一问题尽可能的获取更多的信息。一千个读者就有一千个哈姆雷特,每个学生对作品的理解都不尽相同。与同伴讨论、分享感受利于学生更好地解读作品,诵读起来就会走进作者的意境中,诵读得更有感情。

5. 自主合作法

小组自主合作学习是一种有效而又十分可行的学习方式。小组合作是一种开放性、自由性较强的学习方式。在学习时一定要有明确的目的,否则就会流于形式。当遇到学生的确不能独自解决的问题时,合作才有必要;当观点可能出现分歧,思路可能有多样时,探讨才有价值。在课堂上教师组织学生分好了组,就《日有所诵》中的作品提出一些问题或任务,然后让学生分组进行探索交流,学生针对教师提出的问题讨论开来,然后让各组代表进行汇报一下小组交流的情况,或作主题展示。

本课程实施过程中要遵循以下原则:

1. 学生自主学习与教师指导相结合:中年级学生学习能力已有一定的基础,教师在诵读中要注意在适当的时候进行指导点拨。如教师在观摩鉴赏阶段进行情境创设有助于对学生进行情感渲染,从而能让学生更深刻地感受朗诵的魅力;在模仿与练习阶段,通过教师示范,学生模仿的方式,可以让学生正确掌握技能。

2. 知识性与趣味性相结合:教师在授课时应该注意低年级学生身心发展的规律,不要让课堂偏于重知识而轻趣味,在课堂中增添一些小游戏或小奖品,增强课堂趣味性,使课堂气氛活跃起来。

五、课程评价

诵读不能让学生觉得是一种负担,应给予学生充分的自由,让他们觉得"我想参与,我要诵读",从而提高学生阅读兴趣。因此,课程的评价原则是自由参与诵读。根据此原则,本课程在评价方式上,也宜采取学生集体评价、教师家长评价相结合的方式,具体做法如下:

(一)集体评价活动

学生根据自己的喜好,自由参与为原则,自己选择一篇喜爱的诵读作品,然后到讲台前诵读,其他学生在自己的位置上根据自己的评价标准,为每位上台诵读的学生打分,然后取平均分。教师根据学生的得分给予相应的奖励。优的学生奖励一本课外书,良的学生奖励一个笔记本,其他等级的奖励一支笔。

(二)"诵读之星"评选活动

1. "诵读之星"评选要求:

(1)以自愿为原则报名参加评比。

(2)比赛采用10分制。评委去掉最高分最低分,平均分到小数点第二位。评委由老师以及班上的5位自愿报名的家长担任。

(3)"诵读之星"的参赛内容在四年级《日有所诵》中自选一篇,根据诵读内容,可适当加入肢体语言,拍成视频,发至班级微信群。

(4)注意诵读表演的形式,不要单纯地读,可加入恰当的表演成分。注意音乐、服装等细节。

2. 奖励办法:

班级评出三名"诵读之星",颁发奖状,推荐参加学校年级的比赛,校级评出来的第一名在学生升旗仪式上进行颁奖。

(课程开发者:钟秀娟)

课程智慧 2-5

经典诵读·孟子

适用年级：六年级

一、课程概述

诵，即用有高低抑扬的腔调地念。诵读，就是用清晰、响亮的声音，结合各种语言手段来完善地表达作品思想感情的一种语言艺术。谈到古文诵读，南宋朱熹的看法是，"要读得字响亮，不可误一字，不可少一字，不可多一字，不可倒一字，不可牵强暗记，只要多诵数遍，自然上口，久远不忘"。清代古文家曾国藩谈到自己的诵读体会时说："非高声朗读则不能展其雄伟之概，非密咏恬吟则不能探其深远之韵。"

诵读的文学性和艺术性可以充分发挥文学作品的艺术魅力和教育作用。诵读不仅可以陶冶性情，开阔胸怀，文明言行，增强理解；可以提高阅读能力，有效地培养对语言词汇细致入微的体味能力，还可以确立口语表述最佳形式的自我鉴别能力和增强艺术鉴赏能力。

本课程的理念是：感受诵读之美，领悟经典文化之深。进行经典诵读时，通过教师范读、音乐渲染、道具辅助等方法，诵读者用优美的语音、端庄的仪态、丰富的表情，还可以适当化妆，运用灯光布景，进行配乐等开展诵读活动，从而感受到诵读的魅力和美妙。《孟子》主要介绍了孟子的生平及其倡导的主要思想，学生在一次次的诵读中可以了解孟子及其主要思想，初步体会儒家文化的特色；感悟经典文化的博大精深。

二、课程目标

1. 诵读《孟子》，了解孟子及其主要思想，初步体会儒家文化的特色；

2. 参加诵读实践活动,积累诵读技巧,感受诵读之美。

三、课程内容

本课程选取经典诵读材料之《孟子》(中华国学经典精粹·儒家经典必读本)为学习内容,针对六年级学生的知识理解水平,本课程分为8个单元,精选了《孟子》各篇中孟子的最为经典的名句进行诵读活动。

第1单元:关于孟子与《孟子》,利用《百家讲坛》的相关视频介绍孟子和《孟子》。

第2单元:《孟子·梁惠王》篇中的名句段。

第3单元:《孟子·公孙丑》篇中的名句段。

第4单元:《孟子·滕文公》篇中的名句段。

第5单元:《孟子·离娄》篇中的名句段。

第6单元:《孟子·万章》篇中的名句段。

第7单元:《孟子·告子》篇中的名句段。

第8单元:《孟子·尽心》篇中的名句段。

四、课程实施

按照每周1课时的安排,本课程共16课时。教学之前要选取《孟子》(中华国学经典精粹·儒家经典必读本),精心预备,利用互联网或多媒体课件、音像资料等途径进行诵读训练,熟读成诵,并形成个人诵读特色。具体实施方式:

1. 影视学习法

教师提供或让学生自己搜集《孟子》诵读的相关影视作品,通过观看这些视频、课件等材料,提供直观的、生动形象的感官刺激,激发学生对本课程的学习兴趣。

2. 启发诵读法

《孟子》里面的内容毕竟是文言文较多,六年级学生的阅读理解还是有一定的难度,课堂上,通过老师的讲解、启发,可以帮助学生理解文段内容,为诵读的开展奠定基础。

3. 模仿练习法

在模仿与练习阶段,采用教师示范,学生模仿的方式,可以让学生正确掌握诵读的技能。

4. 特色创新法

在诵读时,诵读者结合自己对经典名句的理解感悟,大胆创新的诵读,形成个人诵读的特色。

5. 观摩鉴赏法

在观摩鉴赏阶段进行情境创设,有助于学生进行情感渲染,从而让学生更深刻地感受朗诵的魅力,更有利于对诵读的感悟和个人诵读风格的形成。

6. 合作展示法

鼓励学生自由组合,开展合作形式的诵读活动,通过小组展示的方式,提高诵读的热情与效果,老师在课堂中增添一些小奖品,可以增强课堂趣味性,使诵读气氛活跃起来。

五、课程评价

本课程在评价方式上,宜采取多种有针对性的、鼓励性的、多样性的评价方式,具体做法如下:

(一)竞赛性评价

主要是通过多种形式、主题的竞赛活动,体现对学生经典诵读的评价。

1. "孟子知识"竞赛性评价。以孟子的生平等资料为内容,通过问答、抢答等形式进行竞赛,评价学生对孟子的了解程度,激发学生对经典文化的热爱与感悟。

2. "吟唱孟子"吟唱性评价。通过学生对《孟子》各卷中名句段的吟唱竞赛,评比出各等级成绩的方法去评价学生的诵读水平,提高学生的诵读热情与水平。

(二) 荣誉性评价

通过多种形式的诵读表演、竞赛，评出各种荣誉的奖项，如"我是小孟子""诵读表情王""诵读小达人""最萌孟子"等，评价学生诵读的情况。

(三) 表演性评价

通过学生的多种形式的汇报表演，展示学生诵读的成果，感受诵读之美。通过评比出各种奖项，如"最佳服饰奖""最具创意奖""最佳组合奖""《孟子》诵读"冠、亚、季军等，激励学生爱上经典诵读。

(四) 自我性评价

通过让学生对本课程学习过程的回顾、反思，让学生进行自我评价，再次感受经典诵读之美，领悟经典文化之深。如让学生写一写"我最爱的《孟子》名句""我最难忘的一节课""我最喜爱的一次表演""诵读《孟子》的感受"等。

(课程开发者：钟彩云)

课程智慧 2-6

我会读字母

适用年级：一年级（上学期）

一、课程概述

字母是小学英语教学中的一个重要内容，也是英语学习的语言基础。英语字母一共有26个，其中5个元音字母，一个半元音字母，20个辅音字母。

字母的学习是学生学习英语单词的前提条件，由于一年级学生所掌握的英语知识十分有限，字母教学往往很容易陷入单一枯燥的学习氛围中。如何使字母教学充满乐趣呢？根据一年级英语教学大纲和一年级小学生的心理特点，本课程着重"读字母"。学生通过本课程的学习，学会读字母音，初步感受字母的发音，为接下来音素的学习打好基础。

本科课程的理念是：关注学生的发展，焕发课堂的魅力。为了每一名学生的发展，本课程关注每一名学生的学习状态，构建新的教学模式与方法，以学生发展为本，注重学生自主学习和探究，强调课堂上师生互动，关注课堂中愉悦和谐的群体生活和积极向上的学习氛围，使学生成为课堂的主人，让课堂教学焕发出生机和活力。

二、课程目标

1. 认识26个英文字母，区别一些容易混淆的字母，能熟悉字母的念法。

2. 学习大小写英文字母的笔顺。

3. 能认读一些相关的字母组合，为以后单词的拼读学习作好铺垫。

三、课程内容

本课程以《Phonics Kids 蒲公英·英语拼读王》为载体，主要学习 26 个英文字母字形的辨识和发音，为后面 Phonics 的学习打好基础。因为只有完全辨识大小写字母、正确读出字母，才能开始学习 Phonics。本课程共分成三部分：

1. 26 个大小写字母的字形。
2. 26 个大小写字母的读音。
3. 部分字母的相关组合的发音。

四、课程实施

按照学校课程安排，每周有英语兴趣课 1 节，共 16 周，共 16 课时。本课程的主要内容是学习"读字母"，就是学生根据字母的字形、大小写，能正确读出字母的名称音。但如果只是照着读或者死记硬背的话，本课程将会很沉闷，一年级的小朋友是不会喜欢的。所以我们在设置课程实施的时候设计了几项活动，以便孩子们在形式多样的学习过程中掌握知识。具体的学习活动如下：

1. Trace the letters，让孩子用手指在书上描大小写字母，学习大小写字母的笔顺，及其相关字母组合。
2. Chant with me，利用歌谣的方式，让孩子自然地熟悉字母的念法及字母的相关单词。
3. Colour fun，对目标字母进行着色，在字形着色的过程中，加深对字母形状的认识。
4. Circle the letters，在大量的字母中圈出目标字母。这是针对一些孩子容易混淆的字母，提供更多的辨识练习。

具体的实施方式如下：

1. 观察学习法

一年级的小朋友要学习英语字母，26个字母的"外形"是第一难点。所以我们首先就要求学生辨型。这时候学生就要用到观察学习法。通过观察书本、板书上字母的"外形"，辨析清晰，才能区分各个字母，从而认清26个字母的"外形"。

2. 模仿学习法

认清字母的"外形"的同时，学生还要求记住各个字母的发音和书写。学生通过模仿老师的示范，从而记住单个字母的发音；学生通过模仿老师的书写，记住字母的书写笔顺。

3. 影视学习法

此方法在英语教学中非常流行。学生通过观看原版的英文影视素材，学习地道标准的字母音和音素的发音，利于他们正确语音语调的培养。通过大量语音影视素材的输入，帮助学生培养英语语感，降低日后大量英语词汇句型输入的难度。

4. 练习法

练习法在英语教学中得到广泛的应用。学生在教师的指导下，反复地进行口头模仿训练和笔头的书写训练，从而记住了字母的读音、发音和书写。练习法对于巩固字母书写和语音知识，引导学生把知识应用于日后单词的记忆和单词的拼读，发展学生的读写能力，具有重要的作用。

五、课程评价

评价学生的方式及手段是多种多样、丰富多彩的。无论是采用激励性的语言，荣誉卡或是大红花等形式，从某种程度讲都是为了调动学生的学习积极性，使学生看到自己的进步，发现自己的学习能力与潜力，促进学生的全面发展。在小学的教学活动中，学生的评价要把形式和学生的发展目标进行有机整合，我认为，一般地运用以下评价方式：

1. 赏识性评价

在教育过程中，教师要通过细心观察，掌握学生的心理特点，对于他们取得的成绩、进步以及独特的闪光之处,都要及时予以肯定、鼓励,这不仅会使学生在赞美中感受到来自教师的关心和厚爱,也能够调动学生的学习积极性,促进学生的全面发展。

2. 期待式评价

赞美、信任和期待具有一种能量,在老师的期待中,学生往往能产生积极向上的情感体验,在反复的尝试中获得成功。作为教师,要想使学生重新扬起前进的风帆,积极奋进,就一定要在日常的教育教学中,不时地告诉你的学生"你能行""你会成功""老师相信你",借助期待,帮助他们充分挖掘自身潜能,树立自信,与时俱进。

3. 无声式评价

教师要善于利用体态语,传达对学生的评价。积极的体态信号不仅会引起学生正向的情绪反应,激活和促进其智力发展,还可以调动学生的学习积极性。

本课程在评价主体上,要求做到过程性评价和形成性评价相结合,自评、小组长评、同伴互评相结合。具体做法如下:

学生姓名	自评	小组长评	同伴互评
	✿ ✿ ✿	✿ ✿ ✿	✿ ✿ ✿

(课程开发者:钟桂兰)

课程智慧 2-7

快乐学音素

适用年级：一年级（下学期）

一、课程概述

Phonics（音素），是语音中的最小的单位，依据音节里的发音动作来分析，一个动作构成一个音素。音素分为元音、辅音两大类。英语共有 48 个音素，其中元音 20 个，辅音 28 个。英语辅音和元音在语言中的作用，就相当于汉语中的声母和韵母。

音素课程学习主要渗透在单词教学中，从一年级开始，老师在教学单词中要对出现符合规则的元音字母发音的单词进行有意识地渗透教学，让学生能区分开音节和闭音节的不同发音，到二年级能根据自然拼读法对简单的单词进行拼读，三年级要在字母学习的基础上学习字母组合的发音。

本课程的理念是：快乐学习音素，逐步建立自然拼读体系。通过朗朗上口的歌谣、韵文、游戏等轻松愉快的方式让学生感受音素学习的快乐。学生在一次次的拼读歌谣或拼读游戏中去感受音素的发音，以掌握音素的发音规律，逐步建立自然拼读体系。

二、课程目标

1. 通过指字母、指图的方式，掌握 21 个辅音字母的基本发音；
2. 利用画线或画圈的练习，运用书写来复习字母的字形；
3. 学习朗朗上口的歌谣，熟悉 21 个辅音字母的基本发音；
4. 通过语音游戏来复习巩固所学音素，提高学习兴趣。

三、课程内容

本课程以《Phonics Kids 蒲公英·英语拼读王》中 2A 和 2B 两套教材为载体,另外增加语音游戏,通过朗朗上口的歌谣、韵文等形式学习 21 个辅音字母的基本发音。内容共分为四个部分:

1. 指读字母、单词图片;
2. 描写字母的字形;
3. 学习朗朗上口的歌谣;
4. 参与语音游戏活动。

四、课程实施

本课程的内容为《Phonics Kids 蒲公英·英语拼读王》中 2A 和 2B 两套教材。按照学校课程安排,每周有英语兴趣课 1 节,共 16 周,16 课时。具体的实施方式如下:

(一)整体把握教材,抓住语音教学的契机

1. 采用"随风潜入夜,润物细无声"的教学方式。小学生的接受能力不如中学生,因此,在教学单词时,教师要采用"随风潜入夜,润物细无声"的教学方式,让学生通过观察单词的发音和拼写,归纳读音规则,使学生在不知不觉中了解字母与音素之间的内在联系,在脑海中建立起音、形之间的联系及其单词的拼读意识,培养学生的拼读能力。但教师不能单纯地靠每单元安排一节课来完成单个字母的语音教学内容。语音教学应贯穿于每一堂英语课中,特别是渗透于单词、词汇教学之中。这样,学生不仅不会产生厌烦情绪,而且可以保持语音教学的持久性。

2. 合理安排语音教学的进度。落实到具体的教学实践中,就要求教师熟悉整套教材,有的放矢地将枯燥的语音教学贯穿于小学英语教学的全过程,化整为零,采用"星星之火,可以燎原"的教学策略。

（二）巧用各种方法，进行音素教学

音素教学能否达到预期的目的和理想效果，关键在于教学方法。单纯的音素认读、记忆，反复拼读练习确实比较乏味。教师应根据小学生活泼好动、好奇心强的特点，巧妙设计教法，采用科学、有效的方式来教学音素，这样就会达到事半而功倍。

1. 图示法

图示法是指教学借助挂图或直接通过画图的方式来辅助教学。图示法具有直观、生动、具体、快捷等特点，效果最为明显。比如：在讲辅音音素的发音部位、发音方法时，我们可以充分利用发音器官示意图，在图上直接指出发音的部位及气流的出处，用以代替齿龈、软腭、舌尖、舌面等这些枯燥乏味的间接口头描述。把图画出来后清楚明了，学生一看即懂。因此，凡是能用图表示的教学内容，都应尽量采用图示法。

2. 演示法

图示法具有静的特点，而演示法具有动的特征。演示法同样能达到直观的效果，可以和图示法结合使用，相辅相成。在讲辅音音素的发音时，通过看挂图可以知道其发音部位、气流的出处，但在一定程度上，可以说，如果没有教师的演示，有些学生根本不会发语音。演示法的运用，不仅限于做出正确的发音演示，还可以根据教学的需要，灵活多变。如"吹纸法"：拿一张很薄的纸，放在嘴的前方，让学生从发音时纸的颤动与否，体会送气与不送气的差别。

3. 练习法

语言作为一种工具，与其他的工具一样，只知道怎样使用的道理还远远不够，还得亲自使用，并经历一个由不熟到熟练，由不正确到正确的过程。教师在这个过程中扮演着重要的角色，首先教师要设计出科学合理而有效的练习方法给学生，使他们达到事半功倍的效果。在这一点上紧密联系学生的语言背景至关重要，对不同的学生需要区别对待。接着，在学生的联系过程中，老师同样很重要，他需要细致观察学生的发音并即时指出错误帮助纠正。

4. 比较法

语言具有很多相通的地方,我们可以利用母语去学外语。同样,我们也可以利用汉语拼音辅助学习音素。学习上的迁移分为正迁移和负迁移。当第一语言与第二语言的模式相同或相似时就很可能产生正迁移。与此相反,当第一语言与第二语言的相对应部分模式不同时就会出现负迁移,负迁移是消极的。我们要正确、及时利用语言学习中的正迁移。英语和汉语拼音使用的是字形完全一样的字母。两种学习情境有许多共同因素。如我们可以利用汉语拼音 b、p、d、t、k、g、s、z、r 的发音部分导出英语辅音[b、p]、[d、t]、[k、g]、[s]、[z]、[r]的发音,根据汉语拼音两拼音节的发音规则:前音轻短,后音重,两音相连,猛一碰。将它改成英语单音节的发音规则:辅音轻短,元音重,两音相连,猛一碰。这样迁移来拼读音素,那效果就立竿见影了。同时,在教学中教师可以经常引导学生用拼拼音的方法,叫学生尝试着去拼读未学过的英语单词,那样日积月累,在学生的头脑中就会建立字母与音素之间的一一对应关系。那样,不仅有利于学生正确地掌握单词的发音,而且使单词学习更加便捷了。

(三)趣味操练,突破"三关"

"三关"指认读关、听辨关、拼读关。学生学习音素就像学习汉语拼音一样,有一个音与形的认识过程,容易落入单纯模仿跟读、机械练习的枯燥单一的俗套中,学生很容易产生厌烦。教师应将游戏、歌谣、谜语等学生喜爱的活动穿插在语音教学之中,通过生动活泼的形式来加快认读,促进记忆,熟练拼读,学生的积极性就能得到很大提高。

1. 积极利用各种教学媒体操练音素

我们面向的是天真烂漫的小学生,他们的注意力很容易分散。为了充分调动学生学习音素的积极性,教师应该充分利用电视、幻灯、录音机等现代化教学设备及自制卡片、挂图、小黑板等教具。借助这些具体形象的媒体刺激学生的感官,帮助他们记忆枯燥抽象的音素。

2. 积极利用各种游戏操练音素

鉴于学生的综合素质水平还很低,要求教师上课不但要尽量使用英语组织教学，同时要兼顾学生的语音兴趣，在教学设计编排课堂游戏活动时，要根据实际情况和所教授的内容，进行轻松愉快，积极主动的语音练习，因此，在教学中可以增加一些语音游戏，如：

★抢读音素

游戏过程：

1. 教师将全班分成若干小组。

2. 逐个出示一些字母卡片，学生们举手抢答，教师让最先举手的学生读出该辅音字母的音素音，然后再说出含有该辅音音素的单词。

3. 得分最多的组为优胜。

游戏说明：该游戏也可让学生课后自行组织开展。

★相同辅音音素单词拼读赛

游戏过程：

1. 教师将全班分成若干小组。

2. 教师说一个字母及其音素音：（如：D/d/），第一组的第一名学生立即站起来，说出并拼出三个（也可以是五个或十个，视学生词汇量的多少而定）以字母 D 开头的单词，如：desk，dog，door 等，念不出或念错要扣分。

3. 这名学生说完后，教师说另一个字母及其音素音，由每组的第一名学生说，这样依次进行下去，最后看哪组得分最多为胜。

游戏说明：做这个游戏时，也可以让两组的学生轮流说字母及其音素音（如由第一组的第一名学生说字母及其音素音，由第一组的第一名学生答）。

当然，关于辅音音素操练的游戏不胜枚举，作为教师要勤动脑、善组织，利用简单、易操作的游戏激发学生的学习音素的兴趣。心理学理论告诉我们"小学生更容易形成习惯的定势"，学生一旦养成靠音素读准单词、靠读音想音素拼出单词、自动运用把音素和单词进行比较的方法记单词等习惯，他将终身受益。因此，在平时的语音教学中，教师应该坚持规范有序的语音训练，培养学生良好的语音语调，提高学生学习英语的积极性，使学生真正迈入英语学习的大门。

五、课程评价

本课程评价以学生为主体,注重过程性评价;坚持激励性评价;关注个性特色评价。主要评价学生在学习过程中英语表达是否自信;课程活动过程中是否积极参与;团队活动中是否积极参与合作和分享。

考评分"平时考核"和"期末综合评定"两步,"平时考核"内容为课堂表现和在家表现;期末综合评定内容为相关单词的考核。

本课程在评价方式上,要求做到过程性评价和形成性评价相结合,自评、小组长评、家长评、老师评相结合。具体做法如下:

1. 自评

根据自己在课堂表现或在家表现来评价,如果表现非常好,就是 Wonderful,可以得到三颗星;如果表现很好,就是 Very good,可以得到两颗星;如果表现一般,就是 good,只可以得到一颗星。

2. 小组长评

小组长根据自己的组员在课堂表现来评价,如果组员表现非常好,就是 Wonderful,可以得到三颗星;如果组员表现很好,就是 Very good,可以得到两颗星;如果组员表现一般,就是 good,只可以得到一颗星。

3. 教师评

老师根据学生在课堂表现来评价,如果学生表现非常好,就是 Wonderful,可以得到三颗星;如果学生表现很好,就是 Very good,可以得到两颗星;如果学生表现一般,就是 good,只可以得到一颗星。

4. 家长评

家长根据孩子在家里学习英语的表现来评价,如果孩子表现非常好,就是 Wonderful,可以得到三颗星;如果孩子表现很好,就是 Very good,可以得到两颗星;如果孩子表现一般,就是 good,只可以得到一颗星。

平时考核评价用表：

评价指标		评价		
		自评	小组长评	教师评价
课堂表现	大胆自信开口读			
	积极参与课堂活动			
	团结合作完成任务			
	遵守课堂纪律			
		自评	家长评价	
在家表现	能自觉复习			
	能与家长分享、互动			

期末综合评价用表：

期末评定	相关单词考核	圈出听到的单词中			
		认读单词			
		读歌谣			

（课程开发者：陈丽帮）

课程智慧 2-8

I Love Phonics

适用年级：二年级

一、课程概述

Phonics 是一门帮助孩子掌握字母拼读法的课程。Phonics 是自然形成的一种发音规则，主要教授英文字母（letter）与语音（sound）间的对应关系。二年级的孩子在 Phonics 的学习中已经有一定的基础，所以本课程借助"Phonics Kids4A"和"Phonics Kids4B"，激发学生学习英语的兴趣，培养学生更多的拼读技巧。第四部分 4A 和 4B 延续 Phonics Kids Level 1-3 的丰富音乐性，节奏分明的 Beat 帮助孩子组合音组，4A 和 4B：Word Family and Blends《元音组合家族》，介绍 33 组短元音组合和 16 组混合音，让孩子练习拼读"混合音＋短元音组合"，扩充更多的拼读技巧。

本课程秉持以下理念：激发兴趣，学会拼读。Phonics 课程的实施能培养学生听音拼字、见字读音的能力。学生学习和掌握了 Phonics，可以不需要借助字典和音标就能顺利读出初级英语中 70% 左右的单词。学生学习和掌握了 Phonics，可以提前进入阅读领域，对未来的英语学习带来极大帮助。

二、课程目标

1. 欣赏朗朗上口的歌谣韵文，初步感受字母组合发音，培养学习兴趣，加深学习印象。

2. 通过多种方式多样化的操练，学生熟悉字母组合的发音，进而掌握每个组合的发音技巧。

3. 通过将短元音组合与其他字母做拼读练习的方式,学生能掌握"混合音＋短元音组合"的拼读技巧,进而综合运用语言知识。

三、课程内容

本课程以 Phonics Kids《蒲公英·英语拼读王》4A、4B 作为教学教材,主要学习 33 组短元音组合和 16 组混合音,练习拼读"混合音＋短元音组合"。

Phonics Kids 4A、4B 共有 8 个单元,分别是 Unit 1 Short Vowel "a"、Unit 2 Short Vowel "e"、Unit 3 Short Vowel "i"、Unit 4 Short Vowel "o"、Unit 5 Short Vowel "u"、Unit 6 "l" Blends、Unit 7 "r" Blends、Unit 8 "s" Blends,每个单元均有一个字母的拼读学习。每个单元分别有以下实施内容:

(一) Point and Rhyme 用指字跟读方式,复习第三部分学过的短元音组合。

(二) Point and Say 进入新的组合教学,让孩子练习将短元音组合与其他字母做拼读练习。

(三) Rhyming Fun/Reading Fun 为每个组合搭配一首相关的韵文,让孩子琅琅上口,学习以及掌握每个组合的发音。

(四) Chant with Me! 每个短元音单元最后以一首歌谣作为复习,加深学习效果。

在此阶段,孩子开始进入拼读的历程,除了学习到更多的辅音＋元音＋辅音(CVC)的单词,孩子也开始进入混元音＋短元音组合的拼读,所以在此阶段,孩子见字读音的单词可累计到 200 个左右。

四、课程实施

本课程以 Phonics Kids《蒲公英·英语拼读王》4A、4B 作为教学教材,面向二年级的学生开展教学。二年级第二学期为一个教学周期,本课程需 16 课时完成教学,每周 1 课时,每课时 40 分钟。

(一) 读小诗,激兴趣

设计各种形式的进行读小诗活动,如指读小诗,自由读,小组读,配乐读等,这样不仅激发了学生读小诗的兴趣,并在这过程中复习了小诗中的字母发音,同时有利于学生英语语感的形成。

(二) 巧引入,学新知

设计各种方法引入新知识,如设计真实情景,短时高效呈现新知识;如设计各种游戏 Guessing Game 等,吸引学生注意力,提高课堂效率。新知识的呈现方式主要有：图片、简笔画、课件、录音、游戏、歌曲、歌谣、表演、TPR 等。

(三) 多方式,熟操练

语音操练阶段是学生学习和掌握语音的关键阶段,它起着承上启下的重要作用。学生通过新知呈现阶段的学习,还需要大量的语音操练,以达到真正的语音输入,并且为语音输出奠定坚实的基础。在这一环节里需要(1)明确操练内容。(2)操练方法要多样有效。(3)活动形式要多样有效。语音操练方法主要包括：替换练习、看图读单词、游戏、歌谣、歌曲、表演,等等。活动形式可以是师生之间、生生之间(个人、两人、小组等)。

(四) 创新综合,趣创编

在本环节中教师根据情景的需要充分利用所学语言,师生或生生之间进行大量的交际运用,开发学生的思维,培养学生的创新与综合运用语言的能力。活动的主要形式有：改编小诗、创编小诗、情境表演。

五、课程评价

(一) 达标性评价

每个学生确定 I Love Phonics 个人攻关卡,达标等级为 Good、Very Good、Wonderful、Fantastic 四个等级。Good 这一等级表示能唱出字母歌曲,见字读音和听音拼字有部分不掌握,基本会创编小诗。Very Good 这一等级表示能熟练唱出字母歌曲,能很好地完成见字读音和听音拼字的内容,熟练的创编小诗。Wonderful 这一等级表示能有感情地唱出字母歌曲,出色完成见字读音和听音拼字的内容,创编的小诗工整押韵。Fantastic 这一等级表示能有节奏加上优美的肢体动作,唱出字母歌曲,是"拼读小能手"和"单词小能手",创编的小诗工整押韵,还能自编自唱自演。

I Love Phonics 个人攻关卡

评价人:

评价内容	Good	Very Good	Wonderful	Fantastic
唱字母歌曲				
见字读音				
听音拼字				
创编小诗				
总评(Good、Very Good、Wonderful、Fantastic)				

(二)评选性评价

期末根据学生们的得分,评选出唱字母歌唱模块的"我是小小歌手",见字读音模块的"拼读小能手",听音拼字模块的"单词小能手",创编小诗模块的"我是小小诗人"等奖项,并向学生颁发奖状奖品。

(三)竞赛性评价

开展 Phonics 竞赛项目,如二年级举行"拼读大王"比赛,按比例评出一二三等奖,并向学生发放相应的奖状奖品。

(课程开发者:钟美华)

课程
智慧
2-9

I Say You Say

适用年级：四年级（上学期）

一、课程概述

英语电影配音课程指的是选用学生喜闻乐见的英语电影片段进行英语教学的一门课程。本课程的实施能为学生提供贴近生活，具有时代感的英语教材，拓展学生英语学习和运用的渠道，探索出一种既能引起学生学习英语语言和文化的兴趣，提高语言运用能力，还能促进学生综合素质发展的教学方法和途径。

本课程秉持着以下理念：走进英语电影，感受语言之美。通过该课程的学习，让学生多看多听经典的英语电影，从视听到配音，让学生敢于表达自己，感受英语语言的魅力，从而培养学生的观察能力、记忆能力、模仿能力、表演能力、自主学习能力和文化意识。

二、课程目标

1. 感受英语学习的乐趣，树立学习英语的自信心，形成一定的综合语言运用能力。

2. 增强观察、记忆、模仿、表演、自主学习的能力。

3. 了解世界和中西方文化的差异，拓展视野，形成健康的人生观，为终身学习和发展打下良好的基础。

4. 在实践中明白团结协作的重要性，乐于与他人合作，养成和谐与健康向上的品格。

三、课程内容

结合四年级学生的心理发展特点,本课程挑选经典英语动画《魔法灰姑娘》《狮子王》《玩具总动员》电影片段作为教学的载体,帮助学生学习如何给电影配音。本课程的内容共分为以下四大模块:

1. 了解影片背景和影片情节

以幻灯片或者 flash 的形式展示配音的影片(包括电影主要内容、主人公、经典台词、主题曲)展示出来,使学生从整体上认知即将要配音的电影,激发学生学习配音的兴趣和积极性,帮助学生了解世界和中西方文化的差异,拓展视野,为后续学习活动打下基础。

2. 选取一段视频,制作海报

学生以自愿为原则,选取配音影片的一段视频,以小组合作的方式制作一张英语海报,使学生进一步加深对配音影片的了解,并通过此活动让学生初步感知配音影片的语音、语调、语感,增加语言输入量,树立学习自信心,培养学生观察、思维和想象能力。

3. 学习剧本,分角色模仿配音,并尝试配音

在老师的引导下,学生们组建好小组,选定个人角色,分析角色语言、表达的心理和神情动作以及文化背景,老师帮助学生扫除语言难关,先从一个单词到一个词组,再到整个句子,要求发音准确,其中要设计有趣的活动以加强学生的语调语速模仿,因为语调语速必须结合动作和神态,并体会任务的心理活动才能完美呈现出来,难度最大。学生通过分角色反复的模仿,融入角色,尝试配音。

4. 小组汇演和配音比赛

老师指导各个小组进行单词发音的反复纠正、肢体动作的反复强化、台词对白的反复对练,开展小组展演和比赛的活动,在动听的背景音乐、富有创造力的海报展示下,配以学生或稚嫩、或精准、或默契、或精湛的声音,让孩子们从英语电影配音中享受乐趣,收获知识,绽放风采。

四、课程实施

本课程的内容主要是英语电影片段配音,即把原版英语电影片段作为英语教学的主要素材,运用"赏、析、模、演、配"等五种实施方式开展教学活动,促进学生的语言学习、文化习得和艺术熏陶互动发展,从而提高学生的英语综合运用能力和综合素质。按照学校课程安排,每周有英语兴趣课 1 节,共 16 周,共 16 课时。具体的实施方式如下:

(一)直观教学法

通过直接观看视频和电影片段,直观地了解《魔法灰姑娘》《狮子王》《玩具总动员》等电影的背景、故事情节及欣赏电影片段,帮助学生初步感知角色,为下一节课做好铺垫。

(二)分析法

教师带领学生分析电影内容,可以通过观赏将要进行配音练习的节选片段和小组合作制作电影海报,指导学生分析、揣摩和体会角色的性格特点,以便呈现精彩的配音效果。关键要解决的是语言知识难点,重点分析该片段人物特征和口语表达的方法和技巧,以集体和个人模仿相结合的形式开始尝试模仿片中台词。

(三)模仿法

学生分小组活动,老师进行指导各个小组对电影片段进行模仿。各个小组的组员要根据自己的喜欢和演绎特长,选择模仿的角色,每人只记住自己的台词,并揣摩表达的神情、心理、语气,和小组成员合作排练。

(四)练习法

各个小组尝试抹去片段原声进行配音,从口型、节奏和前后衔接、配合等方面反复细致地练习,尽量与影片原声达到同步效果。

(五)展演法

各个小组练习后向全班同学汇报,由老师和同学给予评价,从语音、语调、语速、神情的模仿力和自信、合作等方面加以完善。学期末组织学校的电影配音大赛,从配音水平,团队合作,艺术效果和语音语调四个方面选出获胜者。

五、课程评价

在评价思想上,关注基础知识与基本技能、过程与方法、情感态度和价值观。注重发展性评价,除关注学生制作成果外,更要重视学生积极参与活动的全过程,关注学生面对挫折和与人交往方面的表现以及习惯养成等。考评分"参与实践活动评价"和"赛事性评价"两步,具体做法如下:

(一)参与实践活动评价:评价的考核内容为课堂表现、交流能力、个体创作;

学生姓名	课堂表现	交流能力	个体创作

(二)赛事性评价

期末综合评定为分组进行团体比赛,内容为配音水平,团队合作,艺术效果和语音语调。比赛评分细则如下:

1. 配音水平(40分):发音标准,表达清晰,富于感情。

第一档:30—40分　声音洪亮,发音标准,能够正确把握台词,表演完整。

第二档:15—30分　基本表达影片内容,富有表现力。

第三档:15分以下　不能完整表达影片内容,缺乏表现力。

2. 团队合作(20分):团队内部成员协调、团结、精诚合作。

第一档:15到20分　团队内部合作友好、协调性好、分工明确。

第二档:10到15分　团队内部基本合作。

第三档:10分以下　团队内部缺少合作,整体松垮散漫。

3. 艺术效果(20分)：能够完整表达影片思想。

第一档：15分到20分　对作品理解深刻，处理得当，配音能符合视频口型、道具等辅助方式能与影片主体和谐搭配，给人以美的享受。

第二档：10分到15分　对作品理解一般，配音与影片主题契合一般，基本能对准口型。

第三档：10分以下　对作品不甚了解，处理偏颇，不能对准口型。

4. 语音语调(10分)：感情表达到位，语音语调符合作品情境，发音标准。

第一档：7分到10分　感情表达到位，语音语调符合作品情境，发音标准，精神饱满，表演能与配音完美融为一体。

第二档：5分到7分　个别发音不准确，口音不明显。

第三档：5分以下　口音较明显，语法表达有误。

（课程开发者：顾靖）

课程智慧 2-10

声临其境

适用年级：六年级

一、课程概述

英语电影配音，就是以精彩的原版英语电影片段作为英语教学的主要素材，采取视、听、说、读相结合的手段，运用"欣赏、分析、模仿、表演、配音"等五个实施方法开展教学活动，激发学生的表演才能，从而提高学生的英语综合运用能力(特别是听说能力)和综合素质的一门课程。

课程以学生为中心，以文化为主轴，以语音为基础，以艺术为升华，通过电影模拟真实的语境，培养学生具有国际视野和人文素养，拓展学生口语学习和运用的渠道，探索出一种既能引起学生学习外国语言和文化的兴趣，又能提高语言运用能力，还能促进学生综合素质发展的教学方法和途径。

本课程理念：以人为本，有效教学。本课程以学生发展为核心，尊重个体差异。另外，本课程倡导任务型的教学模式，让学生在教师的指导下，通过感知、体验、实践、参与和合作等方式，实现任务的目标，感受成功。

二、课程目标

1. 掌握正确的语音、语调、语感，学习地道的英语语言。

2. 了解西方文化，从生活体验、艺术享受、文化熏陶等方面增强跨文化交际能力。

3. 在实践中明白团结协作的重要性，乐于与他人合作，养成和谐与健康向上的品格以及真善美的情感。

三、课程内容

本课程以精彩的原版英语电影片段作为英语教学的主要素材,选取的影片包括《魔法灰姑娘》《卑鄙的我 2》。内容共分为四个模块:

第一模块:英语动画背景了解与交流(学生分别上网查阅电影相关资料并交流);英文电影配音介绍,给学生介绍英文电影配音技巧、电影的选取和要求等;

第二模块:观看动画,电影视频,了解故事情节,制作电影海报;

第三模块:截取需配音视频,进一步学习,熟记剧本内容及情感表达;

第四模块:评价、总结展示。学生分小组进行汇演,老师和同学给予评价,从语音、语调、语速、神情的模仿力和自信、合作等方面加以完善。选出期末成果展示节目。

四、课程实施

本课程主要通过网络搜索以及从各种 APP 中下载精彩的原版英语电影片段,以此作为英语教学的主要素材,开展教学活动。按照学校课程安排,每周有英语兴趣课 1 节,共 16 周,16 课时,每个课时 40 分钟。实施方式如下:

1. 欣赏法

欣赏法是教师指导学生体验客观事物的真善美,借以陶冶道德感、激励理智感和培养审美感的教学方法。在配音之前,教师要引导学生欣赏整部电影或要学习的电影片段,在审美体验与审美享受中接受信息,从而体验学习的快乐。

2. 分析法

分析法,是在通过上述方法获得一定数据和资料的基础上,进一步研究分析的方法。在配音之前，教师要引导学生分析角色，包括语言、心理、神情、动作以及文化背景等，帮助学生扫除语言理解上的障碍，认识中西方文化背景上的差异，学习真正地道的英文。

3. 模仿法

模仿法在社会学中的概念就是主体对某种行为或形象的效仿，以达到某种效果。教师要引导学生从语音、语调、语速等方面进行模仿，力求做到发音准确，语音语调适中。其中语调、语速的模仿是最困难的，必须结合动作和神态，体会人物的心理活动。

4. 表演法

表演法就是直接或者借助技术设备以声音、表情、动作等公开再现作品。一般2—3分钟的一个片段适合3—4个同学组成一组来练习表演。需要做到以下几点：(1)分好角色；(2)小组练习；(3)表演与评价；(4)练习和表演，这样才能达到练习的目的。

5. 配音法

配音不是一件简单的事，看着画面，对上口型，配上流利地道的英语，常常不是忘了台词，就是跟不上语速，或是发错了音，或是语调不对而紧张得手忙脚乱。这是对他们的意志力的一种考验；同时揭开银幕后神秘的面纱，让学生走进"录音棚"做一回"电影人"，是他们一生都难以忘怀的经历，成功的感觉令他们更加自豪、自信。

五、课程评价

课程评价以学生平时参与各种英语教学活动所表现的兴趣、态度和交流能力为主要根据。主要采取以下评价方式：

（一）评定性评价

考评分"平时考核"和"期末综合评定"两步：平时考核内容为出勤情况、课堂表现、交流能力、个体创作；期末综合评定内容为小组汇演时的语音、语调、语速、神情的模仿力、自信、合作能力等。

考评按照自评、互评、指导教师评价相结合的原则进行，最后形成综合评定等级。其中,自评权重为20%,互评权重为30%,指导教师评价权重为50%。

（二）等第性评价

主要从学生平时表现以及期末评定进行综合评价,然后根据综合评价的分值确定等级。学生评价等级分为优、良、合格与待合格四级。80分及以上为优秀,70—80分为良好,60—70分为合格,60分以下为待合格。

"声临其境"学习评价表

评价指标		分值	评价			
			自评（20%）	互评（30%）	指导教师评价(50%)	综合评价
平时40%	出勤情况	10				
	课堂表现	10				
	交流能力	10				
	个体创作	10				
期末评定(小组汇演)60%	语音	10				
	语调	10				
	语速	10				
	神情的模仿力	10				
	自信	10				
	合作能力	10				
综合评价						
评定等级						

（三）评选性评价

根据学生的评定等级,期末由教师评选出"十佳配音员",并向他们颁发奖状。

（课程开发者：钟影婷）

第三章

慧香课程：以智慧香而自庄严

印度哲学家克里希那穆提指出："学校应该帮助学生去发现他们自己的天赋和职责，而不要仅以事实和技术上的知识填塞他们的内心。"拥有知识未必拥有智慧，拥有知识未必拥有思想。只有当儿童置身知识产生的情境的时候，那个知识才有价值、才有力量。让知识回归儿童，回归智慧，应该成为学校课程最重要的取向。

印度哲学家克里希那穆提指出："学校应该帮助学生去发现他们自己的天赋和职责，而不要仅以事实和技术上的知识填塞他们的内心。学习应该是一片沃土，使学生可以毫无恐惧、快乐而完整的生长于其间。"拥有知识未必拥有智慧，拥有知识未必拥有思想。关于"什么知识最有价值？"人们的答案早已不是科学，早已不是那些没有繁殖力的知识。"谁的知识最有力量？"这是今天人们的普遍思考，其结论是：只有当儿童置身其中的时候，那个知识才有价值、才有力量。因此，让知识回归儿童，回归智慧，成为学校课程最重要的取向。

我校慧香课程包括两个部分：数学与思维、科学与探索。数学和科学同源共生，哲学是探索自然的思维，数学是描述自然规律的科学，所有的定理讲述的都是自然规律以及"事物"之间的联系，因此制订了慧香课程方案。

数学，是研究数量、结构、变化、空间以及信息等概念的一门学科，从某种角度看属于形式科学的一种。数学在人类历史发展和社会生活中，发挥着不可替代的作用，更是学习和研究现代科学技术必不可少的基本工具。数学教学应与学生的生活实际充分地融合起来，让学生在自己的生活中去寻找数学、发现数学、探究数学、认识数学和掌握数学；让学生在现实的问题情境中，在解决问题的过程中发现数学知识、运用数学知识，体验到"生活中处处有数学"，数学就在我们的身边，从而增强学习的动力，产生积极的数学情感，让数学走向智慧，让数学教学富有灵性，让每一个孩子沉浸在充满灵性的香气。我们通过"数字谜""速算""巧算"等数学课程，呈现给学生数学与生活、数学巧解、动手实践等知识，让学生发现数学和现实如此之近，数学的探索令多少人为之痴迷；体会广阔的天空，那么深邃，登上数学之舟，闯荡未来的人生，拥抱美好明天。

大学者郭沫若曾说过："科学在今天是我们的思维方式，也是我们的生活方式，是我们人类精神所发展到的最高阶段。"科学是人类认识世界、改造世界、满足需求的工具。探索是指研究未知事物的精神,或指对事物进行搜查的行为,或指多方寻求答案的过程。科学探索是指对自然未知部分的探索性发掘。科学与探索内容强调课堂的生成和创建,采用灵活多变的方式激发学生的潜能,是课堂成为学生的乐园,让鱼儿在广阔的海洋里遨游,让鸟儿到广袤的蓝天尽情飞翔,自由舒展,绽放精彩。

依据《义务教育小学信息技术课程标准》《义务教育小学科学课程标准》,我们开发了《我是小主编》课程,通过上机操作学习技术方法和积极参与校内外比赛的形式,通过与他人合作的方式学习和使用信息技术,学会使用与认识水平相符的多媒体资源,初步学会使用网络获取信息、与他人沟通;能够有意识地利用网络资源进行学习、发展个人的爱好和兴趣。《奇妙探究 动手玩科学》则是通过学生参与生活中常见的科学现象的探究,利用科普场馆的科普资源,培养学生收集、处理、利用信息的能力。

1859年,英国哲学家、社会学家斯宾塞提出了一个著名命题:"什么知识最有价值?"斯宾塞最后得出结论——科学。在充满数学理性思维、利用信息技术的先进性和科学的创新性的慧香课程中学习,学生会学到最有价值的知识,最有力量的知识。

"以智慧香而自庄严,于诸世间皆无染,具足成就无所着戒、净无着智、行无着境、于一切处悉无有着,其心平等,无着无依。"花的美是无常的,世间的一切何尝不是花般无常?若能体会无常也有常在,无常也就能激发我们的智慧,而课程既是教师智慧的结晶。慧香课程是培养学生的逻辑思维能力和科学探索能力,使孩子们变得睿智、自信,成为一个浑身散发着迷人香气的儿童!

(撰稿者:马洁盈)

课程智慧 3-1

有趣的数字谜

适合年级：一年级（下学期）

一、课程概述

数字谜是指在一个数学运算式子里，有些数字或运算符号未确定，要求我们开动脑筋，进行合理的判断推理，从而解开谜底，即找到真正的数字，这种问题也被称为"虫蚀算"，是起源于中国古代、风靡世界的一种有趣的数学问题。数字谜题，一般有三种情况：用汉字代替数字、用字母代替数字和用符号代替数字。

数字谜需要学生通过观察、猜测、尝试、验证等手段发现规律，猜测结论，发展了逻辑推理能力，渗透了代数思想，同时也培养了学生的发散思维。

本课程的理念是：发现规律，乐学数"谜"。学生在教师的帮助下，学生初步学会选择发现有用的信息并作出合理的推断或大胆的猜测，并进一步的计算来验证猜想，最后得出结论。通过本课程学习，学生逐步意识到结论的正确性需要演绎推理的确认，通过观察、猜测、尝试、验证等手段发现规律，猜测结论，发展了逻辑推理能力，渗透了代数思想。

二、课程目标

1. 在探索加减法算式中的"数字谜"问题的过程中，学习用推理的方法解决问题，并获得一些简单推理的经验。

2. 经历简单推理的过程，培养思维的调理性和严密性，提高逻辑思维能力和分析解决问题的能力。

3. 在解决问题的过程中,体验成功的乐趣,产生学好数学的自信心。

三、课程内容

本课程的主要内容是解决加减法的数字谜。具体内容分为以下三部分:

第一部分　横式问题的数字谜

主要内容是观察算式,根据加法和减法各部分之间的关系,进行有序填写。

第二部分　竖式问题的数字谜

主要内容是让学生经历联系—推想—验证—结论这四个步骤,找到解决问题的方法。

第三部分　方阵中的数字谜

主要内容是通过观察比较,先找出突破点,再有序地逐步击破其他。

四、课程实施

本课程实施之前应先分好学习小组,准备好数字谜的资料。本课程用时 3 课时,面向全体学生以班级授课和小组学习的形式结合开展。

实施方法有观察法、谈话法、讨论法,具体实施路径如下:

(一)审题

通过观察数字谜,找出算式中数字之间的联系和特征,挖掘题目中的隐含条件,它是确定空格内应填什么数字的主要依据。

(二)选择解题突破口

在审题的基础上,认真思考,找出算式中容易填出或关键性的空格,作为解题的突破口,这一步是填空格的关键。

(三)确定各空格填什么数字

从突破口开始,依据算式的已知条件,逐个填出各空格的数字。在本课程实施过程中应注意以下两点:

1. 学生自主学习与教师指导相结合。低年级学生学习能力有限,因此教师要注意在适当的时候进行指导。如在选择解题突破口时,可以先让学生小组讨论,如学生有困难,教师可以通过谈话适当引导。

2. 知识性与趣味性相结合。教师在授课时应该注意低年级学生身心发展的规律,要让课堂偏重于知识而轻趣味,在课堂中采取小组竞赛形式,增强课堂趣味性,使课堂气氛活跃起来。

五、课程评价

本课程在评价方式上主要采用学生自评、小组互评和教师评价相结合的方式,具体如下表:

"我是数学学习小能手"

评价内容	评价标准	自我评价	小组评价	老师评价
学习审题	认真观察,找出隐藏条件。20分			
探究解决数字谜	积极参与小组活动,积极思考老师提出的问题,并举手回答。30分			
	愿意和同学讨论学习中的问题,大胆猜测,实验求证。20分			
	知道解决数字谜的一般步骤。30分			
总分100分				

(课程开发者:钟颖新)

课程智慧 3-2

灵活速算

适合年级：二年级

一、课程概述

运算定律是速算和巧算的基础,掌握数学运算定律的规律、公式、法则和特点,就能灵活运用速算和巧算技巧。小学数学中经常用到的速算和巧算方法有凑整先算、符号搬家、拆数凑整、找基准数、等值变化、去括号、同尾先减、提取公因数法等方法。熟练运用上述数学巧算和速算方法,既能深化小学生对数学定律的理解,也能锻炼小学生探索和解决实际问题的意识和方法,又能培养小学生的数学思维和数学方法论能力。

本课课程理念：灵活运用,启发思维。速算是指利用数与数之间的特殊关系进行较快的加减乘除运算,这种运算方法称为速算法,也叫心算法。巧算是指包括乘法、除法的分配律、结合律、交换律、加法交换、结合等在内的一种算术方法。事实上,不论是巧算还是速算,归根结底乃是一种数学方法和数学思维。在小学数学教学中,让学生在扎实掌握数学知识的基础上,掌握巧算与速算方法,对小学生的数学学习大有帮助。

二、课程目标

1. 学会运用合理灵活的计算方法,对"凑整"、改变运算顺序、计算等差连续数的和、进行简便运算过程,化繁为简,化难为易,使计算又快又准确。

2. 感受数学的价值,激发数学巧算的学习兴趣,培养认真探索、钻研的能力。

三、课程内容

本课程知识点属于"凑整"、改变运算顺序、计算等差连续数的和、进行简便运算过程,化繁为简,化难为易,使计算又快又准确。具体课程内容包括以下三部分:

第一部分:"凑整"先算

例1. 24+44+56　这样想:因为44+56=100是个整百的数,所以先把它们的和算出来

巩固练习:53+36+47　34+22+66

例2. 96+15 这样想:把15分拆成15=4+11,这是因为96+4=100,可凑整先算

巩固练习:52+89　88+18

例3. (1) 63+18+19　这样想:将63分拆成63=60+2+1就是因为2+18和1+19可以凑整先算

(2) 28+28+28　这样想:因为28+2=30可凑整,但最后要把多加的三个2减去

巩固练习　(1) 49+48+15　(2) 68+69+68

第二部分:改变运算顺序

在只有"+"、"-"号的混合算式中,运算顺序可改变。

例4. (1) 45-18+19　这样想:把+19带着符号搬家,搬到-18的前面,然后先算19-18=1

(2) 45+18-19　这样想:加18减19的结果就等于减1

巩固练习　(1) 37+17-15　(2) 71-36+35

第三部分:计算等差连续数的和

相邻的两个数的差都相等的一串数就叫等差连续数,又叫等差数列,如:1,2,3,4,5,6,7,8,9

1, 3, 5, 7, 9

2, 4, 6, 8, 10

3, 6, 9, 12, 15

4, 8, 12, 16, 20 等等都是等差连续数

1. 等差连续数的个数是奇数时，它们的和等于中间数乘以个数，简记成：和＝中间数×个数

例5.（1）计算：1＋2＋3＋4＋5＋6＋7＋8＋9

巩固练习 （1）1＋3＋5＋7＋9 （2）3＋6＋9＋12＋15

2. 等差连续数的个数是偶数时，它们的和等于首数与末数之和乘以个数的一半，简记成：和＝（首数＋末数）×个数一半

例6. 1＋2＋3＋4＋5＋6＋7＋8＋9＋10＝（1＋10）×5＝11×5＝55 共10个数，个数的一半是5，首数是1，末数是10

巩固练习 （1）3＋5＋7＋9＋11＋13＋15＋17

（2）2＋4＋6＋8＋10＋12＋14＋16＋18＋20

四、课程实施

本课程是学生学习"凑整"、改变运算顺序、计算等差连续数的和的计算，进行简便运算，共8课时，面向全体学生以班级授课的形式开展。教学工具和手段有多媒体课件，教师通过指导学生运用阅读学习法、迁移类推学习法、发现学习法等众多学习方法，通过饶有兴趣的认知方式轻松掌握所学的知识。课程具体实施方法如下：

1. 阅读学习法

数学是一门科学，也是一种文化，更是一种语言。数学阅读是学生个体根据已有的知识经验，通过阅读数学材料建构数学意义和方法的学习活动，是学生主动获取信息，汲取知识，发展数学思维，学习数学语言的重要途径。随着科学技术，特别是信息技术的飞速发展，要求人们不仅需要具备语文和外语的阅读能力，而且还需要具有一定的数学阅读能力，这就需要用到阅读学习法。

2. 迁移类推学习法

数学知识之间具有密切的逻辑联系,后续知识往往是前面所学数学知识的迁移、组合与发展,前面所学知识往往是后面数学学习的基础。我们常说,数学教材就像楼梯,层层上升,但每层上升都以原来的知识作为"楼梯间",站在"楼梯间"短暂的停留,才能继续前行,学习数学采用迁移类推的学习方法,在日常教学中,是一种常见的方法。教师平时多启发学生,让学生有心理准备,从内心自主联系旧知识,比如平时多做旧知识归纳总结(做知识树、思维导图),遇到新知识的时候就能快速找到知识联系点。

3. 发现学习法

美国教育家布鲁纳认为:"学习的本质在于发现,发现并不只限于寻求那种人类尚未知晓的事物的行为,还包括用自己的头脑亲自获得知识的一种形式。"发现学习法就是在教师的指导下,以学生为主体,让学生自觉地、主动地探索,研究客观事物的本质属性,发现事物发展的起因和内部联系,从中找出规律,形成自己的概念。发现学习的核心就是要求学习者由被动接受转为主动发现。在小学数学教学中应着重引导学生进行发现学习,为学生构建一个有意义的学习情境,激发学生学习兴趣,提出要解决的问题和设想,通过独立或与他人合作参与特定的数学活动,探索解决问题的策略,获取新的知识,掌握数学学习方法。

五、课程评价

新课程理念下的小学数学教学评价,一方面要尊重学生的主体地位,指导学生开展自我评价、促进反思,另一方面要鼓励同伴、家长参与到评价之中,使评价成为学校、教师、学生、同伴、家长等多主体共同参与的活动。本课程在评价方式上主要采用学生自评、小组互评和教师评价相结合的方式,具体如下表"我是数学学习小标兵"。

"我是数学学习小标兵"

评价项目	评价标准	自我评价	小组评价	老师评价
课堂评价	1. 学生上课是否认真听课,是否积极主动地参与数学学习活动。20分			
	2. 是否乐意与同伴进行交流和合作。15分			
	3. 是否具有学习数学的兴趣和热情。15分			
作业评价	1. 按时并独立完成作业,书写认真,作业整洁,差错少。20分			
	2. 能及时订正课堂及家庭作业中的错题,并主动请教师再次批改。15分			
	3. 熟练运用本节课的数学巧算和速算方法,能自编有价值的练习题。15分			
	总分100分			

(课程开发者:钟建弟)

课程智慧 3-3

乘法巧算

适用年级：三年级

一、课程概述

巧算：也叫简算，在数学运算中的一种方法，包括加减乘除中的分配律，结合律，交换律等。在某个算式中找出可以应用的定律，及每个数的分解数，就可以巧妙地算出答案。

巧算就是指在数学计算中能够使计算简便的方法。这些方法不但简单、易懂，而且能够帮助我们计算时算得准、算得快，大大减轻学生学习数学计算的负担，使学生在数学学习中学得轻松愉快。熟练运用数学巧算方法，既能深化小学生对数学定律的理解，也能锻炼小学生探索和解决实际问题的意识和方法，又能培养小学生的数学思维和数学方法论能力。

本课程秉持的理念：巧算在心，突破思维。巧算就是使计算简便，而不是死板地去算，费时费力，找出它的规律，利用公式或方法，找到捷径解决数学中的加减乘除运算题，能让学生计算快又准，又能发现数学运算中的乐趣、突破正常思维，培养学生乐于思考，善于找方法的习惯，增强学生的推理能力和思维灵活性、提升快速、准确的运算能力，使学生综合能力得到全面发展。

二、课程目标

1. 学生理解和掌握用黄金搭档、分解因数等凑整法将乘法计算简化，并能正确地进行计算。

2. 经历分解、变形,再运用乘法的交换律、结合律、分配律,以及四则运算中的一些规则的多位数乘一位数的计算方法的形成过程,体验计算方法的多样性。

3. 感受数学与生活的密切联系。

三、课程内容

本课程知识点:乘法巧算。要提高计算能力,除了加、减、乘、除基本运算要熟练之外,还要掌握一定的运算技巧。巧算中,经常要用到一些运算定律,例如乘法交换律、乘法结合律、乘法分配律等,灵活运用运算定律,是提高巧算能力的关键。除此之外,再结合一些技巧性的方法,可以实现快速准确计算的目的。根据已学习的法则、定律、性质等再结合一些方法技巧,现将乘法巧算的课程内容按运算定律划分为以下三大运用内容:乘法交换律,乘法结合律,乘法分配律。

(一)乘法交换律:乘法交换律是乘法运算的一种运算定律。交换因数的位置,积不变。用字母可表示为:$a \times b \times c = a \times c \times b$,结合字母公式,认真观察题目,通过凑整的方法,即根据题中数据特点、借助数的组合、分解以及有关运算性质,把其凑成整十整百等的数,从而达到计算简便、迅速的一种方法,最终快速准确计算出题目结果。

乘法交换律的巧算

例1. 计算:(1) $25 \times 43 \times 4$ (2) $125 \times (19 \times 8)$

【巩固练习】

计算:(1) $5 \times 24 \times 2$ (2) $25 \times 34 \times 4$

　　　(3) $125 \times 39 \times 8$ (4) $4 \times (17 \times 25)$

【小试锋芒】

计算:(1) $125 \times 5 \times 8 \times 2$ (2) $125 \times 25 \times (4 \times 8)$

(二)乘法结合律:乘法结合律是乘法运算的一种运算定律。三个数相乘,先把前两个数相乘,或先把后两个数相乘,积不变。用字母可表示为:$a \times b \times c = a \times (b \times c)$,结合字母公式,认真观察题目,通过凑整的方法,快速准确计算出题目结果。

乘法结合律的巧算

例1.计算：(1) $38\times25\times4$　(2) $12\times125\times8$

【巩固练习】

计算：(1) $132\times25\times4$　(2) $118\times125\times8$

例2.计算：(1) 75×84　(2) 56×625

【巩固练习】

计算：(1) 20×75　(2) 16×625　(3) 72×250　(4) 64×375

【小试锋芒】

计算：(1) $13\times75\times4$　(2) 5×28

（三）乘法分配律：乘法分配律是乘法运算的一种运算定律。两个数相加(或相减)再乘另一个数,等于把这个数分别同两个加数(减数)相乘,再把两个积相加(相减),得数不变。用字母可表示为：$(a+b)\times c=a\times c+b\times c$,$(a-b)\times c=a\times c-b\times c$,结合字母公式,认真观察题目,通过凑整的方法,快速准确计算出题目结果。

乘法分配律的巧算

例1.计算：(1) 11×84　(2) 58×101

【巩固练习】

计算：(1) 11×128　(2) 101×97　(3) $1\,001\times23$　(4) 85×102

例2.计算：(1) 26×99　(2) 58×98

【巩固练习】

计算：(1) 99×16　(2) 199×94　(3) 198×23　(4) 85×199

例3.计算：(1) 33×125　(2) 39×75

【巩固练习】

计算：(1) 33×25　(2) 125×39　(3) 125×31　(4) 41×250

【小试锋芒】

计算：(1) 41×75　(2) 42×98

四、课程实施

本课程是在学生学习了多位数乘法的基础上进行教学,共6课时,面向全体学生以班级授课的形式开展。教学工具和手段:幻灯片、多媒体、教师板书,采取教师讲授,学生小组讨论相结合。具体的实施方法有以下几种:

1. 讲授式教学法

教师主要运用语言方式,系统地向学生传授科学知识,传播思想观念,发展学生的思维能力,发展学生的智力。根据本课程设计的特点,要求教师科学地组织教学内容,教学语言应具有清晰、精练、准确、生动的特点,善于设问解疑,激发学生的求知欲望和积极的思维活动。

2. 问题探究式教学法

教师或教师引导学生提出问题,在教师组织和指导下,通过学生比较独立的探究活动,探求问题的答案而获得知识的方法。要求教师努力创设一个有利于学生进行探究发现的教学情境,选择和确定探究发现的问题(课题)与过程,有序组织教学,积极引导学生的探究发现活动。

3. 训练与实践式教学法

通过课内外的练习、实验、实习、社会实践、研究性学习等以学生为主体的实践性活动,使学生巩固、丰富和完善所学知识,培养学生解决实际问题的能力和多方面的实践能力。强调学生在学习过程中的主体地位,提倡"个性化"的学习,主张以学生学习为主,教师指导为辅,学生通过完成教学内容,能有效调动自我学习的积极性,既掌握实践技能,又掌握相关理论知识,既学习课程,又学习解决方法,能够充分发掘学生的创造潜能,提高学生解决实际问题的综合能力。

五、课程评价

本课程本着提升学生的乘法巧算技巧,以尊重学生为基本前提,以促进学生发展为根本目的;以帮助学生正确地认识自己在态度、能力、知识等方面的表现和发展潜力,增加自尊和自信,改进学习方法,提高学习质量为原则;采取的评价方法有过程性评价、水平检测、学生自评和学生互评。具体如下:

1. 过程性评价(50分)

将评价注入学生的学习过程,关注学生实际学习活动的改进和发展,这样的评价方式与班级授课教学模式整合,教学与评价融为一体,形成教学过程中的学、评互动,对促进和推动学生学业的进步起着重要的作用。评价是在教学过程中进行;评价方是教师;评价是教师帮助学生建构学习活动价值,并促进学生不断改进和发展学习的活动;评价的过程不仅是帮助学生建构学习价值的过程,也是帮助学生建构主体价值的过程。

过程性评价(50分)＝课堂评价(20分)＋课后评价(10分)＋作业评价(20分)。

评价项目	评价要素	评价等级
课堂评价	1. 上课认真听讲,遵守课堂纪律,遵守数学活动秩序。	A. 优秀(10分) B. 良好(8分) C. 还要加倍努力(6分)
	2. 勤于思考,积极主动举手发言,有条理地回答老师的问题。	A. 优秀(10分) B. 良好(8分) C. 还要加倍努力(6分)
	3. 能用老师提供的方法解决问题,有一定的思考能力和创造性。	A. 优秀(10分) B. 良好(8分) C. 还要加倍努力(6分)
课后评价	积极参加课后数学活动,阅读数学读物,愿意与他人分享自己的经验和成果,能以恰当的方式表达自己的意愿和建议。	A. 优秀(10分) B. 良好(8分) C. 还要加倍努力(6分)
作业评价	1. 按时并独立完成作业,书写工整,认真检查。	A. 优秀(10分) B. 良好(8分) C. 还要加倍努力(6分)
	2. 作业过程中发现错题,及时更正,并主动请教师再次批改。	A. 及时(10分) B. 比较及时(8分) C. 还要加倍努力(6分)

2. 水平检测(30分)

水平测试是检测学生学业水平的测试,根据课程内容设计试题的数量、质量、难度、形式并以本地区本届学生的整体学习实际为依据,检测学生对相关科目的学习是否达到应有的水平,从而提高教育教学质量。本知识检测以学生学习结束后书面测试的方式进行(满分30分)。

3. 学生自评(10分)

学生自评由教师组织学生自主进行。事前,先就学生评价的意义、方法、需要注意的问题向学生作出说明,提出明确要求。学生自评以自己的成长记录为主要依据,描述和分析自己在对应指标各个维度的表现,用"优秀""良好""还要加倍努力"作为标准为自己打分,最后写出自己对本章的学习心得,表达自己的感悟,提出自身前进的方向。

评价内容	评价标准	自我评价 (每项10分,由学生自己评分)
知识点学习	积极参与老师设计的学习活动,认真思考并聆听同学发言。	A. 优秀(10分) B. 良好(8分) C. 还要加倍努力(6分)
拓展学习	课后主动阅读学习数学读物,愿意和同学分享自己的经验和成果,能以恰当的方式表达自己的意愿和建议。	A. 优秀(10分) B. 良好(8分) C. 还要加倍努力(6分)

4. 学生互评(10分)

学生互评是在自评的基础上进行,学生以4~6人为一组,采取任务驱动法,学生之间可以互相帮助,互相分享,让小组成员之间互相了解,客观认识自己的优势与不足,取长补短。实现采用评比积分的鼓励机制强化评价的激励、导向作用。

评价内容	评价标准	小组评价 (每项10分,由小组成员评分)
知识点学习	积极参与老师设计的学习活动,认真思考并聆听同学发言。	A. 优秀(10分) B. 良好(8分) C. 还要加倍努力(6分)

续表

评价内容	评价标准	小组评价 （每项 10 分，由小组成员评分）
拓展学习	课后主动阅读学习数学读物，愿意和同学分享自己的经验和成果，能以恰当的方式表达自己的意愿和建议。	A. 优秀(10 分) B. 良好(8 分) C. 还要加倍努力(6 分)

（课程开发者：韩小玲）

课程
智慧
3-4

数字谜小达人

适合年级：三年级

一、课程概述

数字谜是一种有趣的数学问题。它的特点是给出运算式子，但式中某些数字是用字母或汉字来代表，要求我们进行恰当的判断和推理，从而确定这些字母或汉字所代表的数字。在探索加减法算式和笔算乘法中的"数字谜"问题过程中，学生学习用推理的方法解决问题，初步获得一些简单推理的经验。

本课程秉持以下理念：培养兴趣，拓展思维。本课程对学生的思维拓展有一定的帮助，而且对兴趣培养也会带来一定的好处。学生经历简单推理的过程，培养思维的条理性和严密性，提高逻辑思维能力和分析问题的能力。在解决问题的过程中，激发学生学习数学的兴趣和欲望，体验成功的乐趣，增强学好数学的自信心。

二、课程目标

1. 学习并掌握一些解决数字谜的方法。
2. 经历观察、操作及合作交流的过程，拓展思维，提高学习兴趣。

三、课程内容

本课程的知识点是笔算加减法和笔算乘法，属于数与代数部分，根据学生的学习认知规律主要分成四部分：

第一部分：走进"数字谜"

"数字谜"是一种有趣的数学问题，"数字谜"也叫"算式谜"、"虫蚀谜"。为什么叫"虫蚀谜"呢？因为古代没有很好的防虫措施，书上的一些算式常常被虫子吃掉一部分，人们在看书的时候，就得想办法，根据剩下的部分，来判断吃掉的是什么数。通过本部分内容学习，学生了解"数字谜"，提高数学的学习兴趣。

第二部分：加、减法中的"数字谜"

在一些加、减法的运算中，也可以用字母或汉字来表示数字，形成数字谜算式。通过综合观察、分析，找出解题的"突破口"。题目不同，分析的方法不同，其"突破口"也不同。这需要通过不断的"学"和"练"，逐步积累知识和经验，总结提高解题能力。

例1. 在□填上合适的数。

$$\begin{array}{r}\square\square 4\\-42\square\\\hline 471\end{array}\qquad\begin{array}{r}\square 6\square 45\\+3\square 4+\square 5\\\hline 803\quad 9\square 0\end{array}$$

例2. 下边的算式中的不同汉字表示不同的数字，相同的汉字表示相同的数字，如果巧+解+数+字+谜=30，那么"巧解数字谜"所代表的五位数是多少？

总结解决"数字谜"的步骤：1. 先确定明显部分的数字；2. 寻找突破口：首位、末尾、进位、退位、数字计算结果的判断，缩小范围；3. 分情况讨论。

第三部分：乘法中的"数字谜"

在一些乘法的运算中，也可以用字母或汉字来表示数字，形成数字谜算式。

例3. 下面算式中相同的字母代表相同的数字，不同的字母代表不同的数字，那么A和E各代表什么数字？

$$\begin{array}{r}ABCDE\\\times\qquad A\\\hline EEEEEE\end{array}$$

猜数字谜关键要找准突破口。在猜乘法竖式数字谜时，可以从因数和积的个位或最高位或位数的多少入手。为减少试验的次数，可以先对某些数字作出合理的估计。填空时要注意：

1. 空格中只能填 0～9，并且最高位上不能填 0；
2. 两个数相乘，最大进位数是 8；
3. 在计算中要留意进位数，不能遗漏；
4. 数字谜求出后，要进行验算。

第四部分："数字谜"的解法。

解决数字谜，关键是找准突破口，推理时应注意以下几点：

1. 认真分析算式中所包含的数量关系，找出隐蔽条件，选择有特征的部分作出局部判断；
2. 利用列举和筛选相结合的方法，逐步排除不合理的数字；
3. 试验时，应借助估值的方法，以缩小所求数字的取值范围，达到快速而准确的目的；
4. 算式谜解出后，要验算一遍。

四、课程实施

本课程是在学生学习了笔算加减法和乘法的基础上进行学习，共 4 课时，以班级授课的形式开展。在教学中应准备相应题材的课件，以教师的讲授、学生的练习讨论、小组合作探讨规律为主，具体实施方法如下：

（一）讲授法

奥苏泊尔说过"学生获取大量整体的学科知识，主要是通过有意义接受学习、设计适当的教材和讲授教学实现的"。讲授法能使深奥、抽象的知识变得具体形象、通俗易懂，学生学会了"听讲"，把学习内容内化为自己的知识，使学习成为轻松的事情。在本课程的第一课时（走进："数字谜"）里以讲授法为主，展示一些"数字谜"的题型，以吸引学生的学习兴趣，借助教学课件，直观形象地让学生认识"数字谜"，提高学习积极性和主动性。

（二）启发式教学法

教育家孔子言"不愤不启,不悱不发",《学记》有云"道而弗牵,强而弗抑,开而弗达",都主张教学中要启发学生,引导学生。在教学中依据学习过程的规律,以谈话、问答、揭示等引导学生积极、自觉地掌握知识,指明学习的路径,培养学生思考问题的兴趣和能力。

本课程的第二课时（加减法中的"数字谜"）和第三课时（乘法中的"数字谜"）里,采用启发式教学法,按照"读读——议议——练练——讲讲"的步骤,通过例题讲解、讨论、练习,掌握解决加减法和乘法中"数字谜"的方法、步骤,帮助学生经历观察、操作及合作交流的过程,积累基本的推理经验,拓展思维。

（三）小组合作法

教与学是一个相向的过程,需要教师与学生之间、学生与学生之间进行互动与交流,小组合作教学法就是在教师的指导下,学生在轻松融洽的学习氛围中展开分工与协作,发挥团队的积极功能,各司其职,认知互补,资源共享,在交流中共同提高学习的动力和能力。

在本课程第四课时（"数字谜"的解法）里,采用小组合作法,让学生通过小组讨论、总结、归纳"数字谜"的方法、步骤,引导学生说推理过程,使学生从"会做"到"真懂",培养孩子静下心来思考问题,提高他们思维的条理性和严密性,培养学生主动探索和实践的能力。

五、课程评价

本课程本着激发学生的学习兴趣,让学生体验成功乐趣的原则,主要采取竞赛性评价和过程性评价的方法。具体如下：

（一）竞赛性评价

在学生学习掌握了解决"数字谜"的方法后进行竞赛性评价,以了解学生掌握知识的情况,同时按照答题正确率的高低排序,评选出前十名"数字谜小达人",进一步提高学生学习的兴趣和积极性。以下为竞赛评价中的例题：

1. 在□填上合适的数。

$$\begin{array}{r} \square\square\square 7 \\ -\quad 8\square \\ \hline 996 \end{array} \qquad \begin{array}{r} 8\square 5 \\ +\ \square 7\square \\ \hline \square 234 \end{array}$$

2. 在右面的算式中，不同的字母代表不同的数字，那么八位数"ABCDEFGH"表示多少？

$$\begin{array}{r} A\ B\ C\ D\ E\ F\ G\ H \\ \times\qquad\qquad\qquad 9 \\ \hline 1\ 1\ 1\ 1\ 1\ 1\ 1\ 1 \end{array}$$

3. 下面的算式，相同的字母代表相同的数，不同的字母代表不同的数，那么字母 ABCDE 分别代表几？

$$\begin{array}{r} 1\ A\ B\ C\ D\ E \\ \times\qquad\qquad 3 \\ \hline A\ B\ C\ D\ E\ 1 \end{array}$$

（二）过程性评价

教师对学生的数学学习的评价，不但要关注学生学习的结果，更要关注他们学习的过程，帮助学生认识自我，建立信心，本着为学生发展的原则，每个课时学习都通过数字谜学习评价表，对学生的学习过程进行自评、互评、教师评，让学生清晰知道自己学习的情况和努力的方向，充分调动学生的学习积极性和主动性。

数字谜学习评价表

班级：_____ 姓名：_____

项目	内容	自评	互评	教师评
学习习惯	1. 学习数字谜有兴趣、有信心； 2. 独立思考； 3. 积极发言； 4. 倾听别人意见。 （总20分，每点各占5分）			

续表

项目	内容	自评	互评	教师评
数字谜知识与技能	1. 了解数字谜； 2. 知道解决数字谜的方法和步骤； 3. 能找到数字谜的"突破口"； 4. 会用列举、筛选、估值等方法解出数字谜； 5. 愿意与同伴合作解决问题； 6. 能表达解决问题的过程和结果。 (总 60 分，每点各占 10 分)			
情感与态度	1. 对身边与数字谜有关的事物产生兴趣； 2. 能积极、愉快的参与数字谜的讨论、探索、合作和操作； 3. 乐于当小老师； 4. 能发现数字谜活动中的错误并及时改正。 (总 20 分，每点各占 5 分)			
总分(100 分)				
总评得星星(85 分以上优秀：★★★★★75 分—84 分为良好★★★74 分以下要加油★)				

（课程开发者：钟灼雄）

课程智慧 3-5

分数巧算

适合年级：六年级

一、课程概述

巧算是根据题目的特点，寻找某种规律或应用某个公式把题目分解、变形，从而达到运算快捷的目的，是一种数学方法和数学思维。巧算是对数学原理的一种运用，学生熟练掌握巧算技能，是对其数学基础知识和数学原理的检验和再吸收；是培养小学生数学思维能力的方法之一。在同样的数学原理基础上实践分数的多种计算方法，是发挥学生数学思维的主要平台。

课程理念：巧妙运用，启迪思维。分数运算的巧算是以法则、定律、性质等作为计算的依据，对算式进行认真观察，剖析算式的特点及各数之间的关系，巧妙地、灵活地运用运算定律，合理改变运算顺序，使分数计算简便易行。既能让学生计算快又准，又能开拓知识、启迪思维，培养学生综合分析、推理能力和灵活、快速、准确的运算能力，使智能得到协调发展。

二、课程目标

1. 学会用合理灵活的计算方法，对分数计算进行简便运算过程，化繁为简，化难为易，使计算又快又准确。

2. 学会观察、改造、运用公式等过程，感受数学的价值，激发数学巧算的学习兴趣，培养认真探索、钻研的能力。

三、课程内容

本课程知识点属于分数计算内容,计算中有许多十分有趣的现象与技巧,它主要通过一些运算定律、性质和一些技巧性的方法,达到计算正确而迅速的目的。根据已学习的法则、定律、性质等主要划分为以下 3 个内容模块:运算定律运用模块、裂项模块和有关小数、带分数的分数乘法的巧算模块。

(一)运算定律运用模块

本内容主要指运算定律的应用。对于算式中有因数可以凑整时,一定要仔细分析另一个因数的特点,尽量进行变换拆分,从而达到巧算速算的目的。例题如下:

1. $\frac{44}{45} \times 37$

2. $2004 \times \frac{67}{2003}$

3. $72 \frac{4}{17} \times \frac{17}{24}$

4. $73 \frac{1}{15} \times \frac{1}{8}$

5. $\frac{5}{27} \times \frac{3}{8} + \frac{7}{27} \times \frac{5}{12} + \frac{5}{24} \times \frac{4}{27}$

6. $\frac{1}{4} \times 39 + \frac{3}{4} \times 25 + \frac{26}{4} \times \frac{3}{13}$

(二)裂项模块

本知识模块是指将算式中的项进行拆分,使拆分后的项可前后抵消,这种拆项计算称为裂项法。例题如下:

1. $\frac{1}{1 \times 2} + \frac{1}{2 \times 3} + \frac{1}{3 \times 4} + \cdots + \frac{1}{48 \times 49} + \frac{1}{49 \times 50}$

2. $\frac{1}{6} + \frac{1}{12} + \frac{1}{20} + \cdots + \frac{1}{2\,450}$

3. $\dfrac{4}{1\times 5}+\dfrac{4}{5\times 9}+\dfrac{4}{9\times 13}+\cdots+\dfrac{4}{2\,001\times 2\,005}$

4. $\dfrac{1}{1\times 5}+\dfrac{1}{5\times 9}+\dfrac{1}{9\times 13}+\cdots+\dfrac{1}{2\,001\times 2\,005}$

5. $\dfrac{1}{1+2}+\dfrac{1}{1+2+3}+\dfrac{1}{1+2+3+4}+\cdots+\dfrac{1}{1+2+3+4+\cdots+50}$

(三)小数、带分数的分数乘法的巧算模块

例题如下：

$$41\dfrac{1}{3}\times 0.75+51.25\times \dfrac{4}{5}+\dfrac{5}{6}\times 61.2$$

四、课程实施

本课程是在学生学习了分数乘除法基础上进行教学，共8课时，面向全体学生以班级授课的形式开展。教学工具和手段：多媒体课件，采取教师讲授、演示、学生实践相结合。课程具体实施方法如下：

(一)尝试学习法

尝试学习法是教师通过口头语言向学生传授知识、培养能力、进行思想教育的方法。本课程设计的知识中有较难的知识点，通过教师生动形象的语言讲述，使深奥、抽象的知识变得具体形象，通俗易懂，从而使学生更容易理解数学思想和方法。

(二)合作探究法

合作探究法是学生在解决问题的过程中，学会与他人合作，并能与他人交流的一种方法。在教学过程中，教师在交流和合作前创设一种能激发起他们主动和积极参与活动的情景，让学生把自己探究、与他人合作探究的见解或结果在小组或在全班进行交流、探讨，从而解决问题。

(三)讲授法

讲授法是指在讲授新知识前先要求学生进行尝试练习，把学生推到主动的地位;尝试练习中遇到困难,学生便会主动地自学课本或寻求教师的帮助,学习成为学生自身的需要。本课程内容中涉及巧算的方法比较灵活,让学生尝试学习后再归纳整理,更能理解并运用。

五、课程评价

本课程本着全面了解学生的学习状况,激励学生的学习热情,促进学生的全面发展的原则,主要采取过程性评价、知识水平检测。具体如下:

（一）过程性评价

评价要关注学生数学学习的全过程,如学生参与学习的程度、行为表现、学习效果、合作交流的意识和能力等。同时还要关注他们在学习过程中表现出来的数学思维策略、思维品质,解决问题的能力以及数学学习情感与态度等。而在评价过程中小组互评是体现人人参与学习过程,人人尝试成功的喜悦,建立一种促进学生在小组集体中努力上进且乐于互助的良性机制,采用评比积分的鼓励机制强化评价的激励、导向作用。过程性评价(100分)＝课堂评价(30分)＋作业评价(20分)＋小组互评(50分)

评价项目	评价要素	评价等级
课堂评价	1. 积极思考老师提出的问题,主动举手发言,并能有条理地表达自己的想法。	A. 积极(10分) B. 比较积极(8分) C. 一般(6分)
	2. 积极参加数学活动,在活动中愿意和同学讨论数学问题,乐于帮助他人,遵守数学活动秩序。	A. 好(10分) B. 比较好(8分) C. 一般(6分)
	3. 在学习的过程中,有质疑精神,善于提出一些有价值的数学问题。	A. 质疑提价值问题(10分) B. 质疑提一般问题(8分) C. 敢于质疑(6分)
作业评价	1. 按时并独立完成作业,书写认真,作业整洁,差错少。	A. 好(10分) B. 比较好(8分) C. 一般(7分)

续表

评价项目	评价要素	评价等级
	2. 能及时订正课堂及家庭作业中的错题,并主动请教师再次批改。	A. 及时(10分) B. 比较及时(8分) C. 订完(6分)
小组互评	1. 例题的学习:积极参与老师设计的学习活动。 2. 合作学习:愿意和同学讨论学习中的问题,敢于把自己的想法讲给同学听,课上能认真聆听别人的发言。	(每项10分,由小组成员评分)

(二)测试性评价

　　知识水平检测是以书面检测作为评价主要手段,是考查学生课程目标达成状况的重要方式,根据本课程教学内容设计合理灵活的试题内容,有助于全面的考查学生的知识学习掌握情况,不断提高教育教学的质量。本知识检测以学生学习结束后书面测试的方式进行。

(课程开发者:钟肖琼)

课程智慧 3-6

我是小主编

适合年级：五年级

一、课程概述

"电子报刊制作"就是运用文字、绘画、图型和图像处理软件创作的电子报或电子刊物。电子报刊的制作可以让学生具备一定的信息能力，来解决自身生存中所遇到的信息问题。学生通过实践学习，增强探究和创新意识，学习科学研究的方法，发展综合运用知识的能力。充分尊重学生的兴趣、爱好，为学生自主性的充分发挥开辟广阔的空间，使学生随时随地从生活中选择感兴趣的问题来作为研究的学习对象，自然地、综合地进行学习。

本课程的理念：大胆探索，快乐创编。学生在课程中根据任务需求，熟练使用文字处理工具软件加工信息，表达意图，在自主学习、合作探究的实践活动中，增强信息处理和加工能力、设计能力、审美能力，感受报刊创作的快乐。

二、课程目标

1. 了解电子报刊的基本组成要素。
2. 掌握 word 的基本操作技能。
3. 提高收集、处理信息的能力。

三、课程内容

本课程的主要内容包括有掌握电子报刊的制作方法；学习、观察各类报刊;联系校本课和自身生活经历上网收集相关素材,围绕"香雪赏梅"的活动主题制作作品;通过展示、欣赏——讨论、学习——修改、完善完成小报制作。主要分为三个单元,分别是认识电子报刊、电子报刊的制作、电子报刊加工和美化。本课程共 3 个单元,共计 15 课时,具体安排如下:

第一单元:认识电子报刊(2 课时),包括:1. 认识电子报刊,2. 电子报刊的各要素,3. 优秀作品欣赏。

第二单元:电子报刊的制作(7 课时),包括:1. 电子报刊的版式规划,2. 电子报刊素材的收集,3. 电子报刊的页面设置,4. 电子报刊的文字处理,5. 电子报刊的图片与图形,6. 电子报刊的文本框,7. 电子报刊的制作。

第三单元:电子报刊的加工和美化(6 课时),包括:1. 电子报刊的边框与底纹,2. 电子报刊的布局与排版,3. 电子报刊的制作与美化,4. 电子报刊的展示与完善,5. 总结与评价。

四、课程实施

本课程以校电脑社团为教学对象。学生根据自身条件自愿报名,经过考核选拔成为社团成员,课后兴趣小组每周授课 1 次,每节课 40 分钟,共计 15 课时。教师通过互联网和其他途径收集整合教学素材,结合学生具体情况,制定具体教学安排和策略。实施方法有:讲授教学法、示范教学法、任务驱动法、作品展示法等。

(一)讲授教学法

讲授教学法就是教师对知识进行系统地讲解。它虽是一种传统的教学方法,这种教学方法主要运用于常识性的知识教学。

(二)示范教学法

示范教学法就是教师操作,学生从教师的示范性操作中学习操作的步骤和方法。

(三)任务驱动法

任务式教学法就是教师根据教学内容进度,结合学生学习的实际情况，给每节课确定出切合实际的任务，让学生通过学习和努力在本堂课里完成教师规定的任务。

（四）作品展示法

将学生完成的作品在班级或者学校进行展示，提高学生学习和创作的积极性。

五、课程评价

本课程评价以学生为主体，并注重过程性评价，坚持激励性评价，关注个体特色评价，并结合市、区电子小报比赛进行综合性评价。具体评价方式如下：

1. 竞赛性评价

组织参加市、区举办的电子小报比赛，通过比赛获奖成绩进行综合性评价。

2. 展示性评价

将课程中、竞赛中涌现出的优秀作品在电脑室进行作品展示，对优秀的同学进行表彰等。

（课程开发者：李静）

课程智慧 3-7

奇妙探究　动手玩科学

适用年级：五、六年级

一、课程概述

探究是一个词汇，亦称发现学习，是指学生在学习情境中通过观察、阅读，发现问题，搜集数据，形成解释，获得答案并进行交流、检验、探究性学习。科学探究的基本环节一般分为以下八个连续环节：提出问题、猜想与假设、制订计划（或设计方案）、进行实验、收集证据、解释与结论、反思与评价、拓展与迁移。

本课程的实施，意在通过各种形式开展科学探究活动，把深奥的科学原理通过简单的实验展示在学生面前，让孩子们当下就开始学习科学知识，提高学生的创新意识和综合素养，促进学生可持续发展。本课程强调学科学知识，掌握科学技能，寻找解决问题的方法。着眼于转变学生的学习方式，培养创新精神和实践能力，强调学生对所学知识的技能的实际运用、能力的形成和经验的获得。

本课程秉持以下理念：动手玩科学，科学好好玩。通过本课程的学习，开发学生的潜能，培养创新精神和意识，让学生在合作中提高自身综合素质，为可持续发展奠定基础。

二、课程目标

1. 在科学课程的学习中，认识到正确的科学思想、方法、情感态度与价值观，能够提高自己的科学素养。

2. 全身心参与活动，从易到难，由浅入深，能够在活动中体会到科学的奇妙,提高科学探究能力。

3. 了解相关的科学知识以及科学探究技能,认识到科学技术对社会的作用,从而喜欢上科学课,爱上科学。

三、课程内容

本课程以生活中有趣科学现象为载体,课程内容主要学习、了解并尝试解释生活中有趣的科学现象,共分为三大模块,具体如下:

第一模块:奇思妙想

在这个模块中,主要内容包括:自制汽水、焰火的秘密、探究声音的产生秘密、可乐喷泉、有趣的光线变化。以生活中有趣科学现象为载体,通过视频学习、动手操作,发现其中的科学原理并尝试解释。

第二模块:动手玩科学

在这个模块中,主要内容包括:磁铁游戏、墨水变清水、变废为宝制作手工艺品、走进社区垃圾分类调查、科学小论文撰写。选取较简单的实验,准备好实验材料,创造机会让学生自己动手做实验,让学生参与其中,亲历实验过程,真正经历科学学习过程,最后将动手玩科学过程中的有趣发现以学科学小论文的形式记录下来。

第三模块:航模运动

在这个模块中,主要内容包括:"红雀"的拼装与飞行、"翼神"的拼装与飞行、"黄鹂"要怎么飞、做个"轻骑士"。

四、课程实施

本课程选取生活中常见的有趣现象,和"飞向北京 飞向太空"航空航天模型比赛中的相关活动为学习材料,利用多媒体课件、身边容易获得的材料来做实验等多种渠道开展探究活动。一个学期14周,每周1课时,共14课时。具体实施方式有以下几种:

1. 实验教学法

以实验为主,学生在教师的指导下,使用一定的设备和材料,通过控制条件的操作过程,引起实验对象的某些变化,从观察这些现象的变化中获取新知识或验证知识。

2. 影视学习法

通过多媒体课件和音响设备,为学生展示直观的实验过程和现象,让学生观察得更加清楚,降低学习的难度,加深印象,培养学习的兴趣。

3. 感想交流法

每个学生都是独立的个体,都有不一样的体验和关注点。在实验过后的分享和交流阶段,与同学交流经验、分享感受,彼此之间取长补短,相互进步。

4. 小组成果汇报展示法

本课程是以小组为单位进行实验。将完成的科学小制作或者小论文通过多媒体展示并做简单阐述,让学生参观学习。

五、课程评价

本课程采用形成性评价与终结性评价相结合、定性评价与定量评价相结合、反思评价与鼓励评价相结合的评价方式。具体评价方式如下:

(一) 学习过程评价

在课程开设过程中,以鼓励性评价、学习习惯形成性评价等定性评价为主,评价标准注重反映学生的个体差异。评价学生学习过程中积极参与意识,评价学生参与信息收集、汇总与交流的能力,评价学生解决问题的能力,等等。

(二) 学习结果评价

1. 能力考核

学生自主设计小论文。要求学生从自己生活和社会生产中主动发现问题、分析问题产生的原因、提出解决问题的方案,确定一个研究专题。老师对小论文作出评价,对优秀论文的科学性、地理性、前瞻性、创新性观点要充分肯定。

2. 作品考核

学期终结,学生上交本学期"奇妙探究 动手玩科学"课程中独立或小组制作的成果改良后的作品,可对学生学习作出定量评价。

(三)竞赛性评价

学生在学习过程中所撰写的科学小论文,科技小制作等的作品参加校级、区级或者市级的竞赛,以及通过学习本课程参加的科技类竞赛,可对学生学习作出定量评价。

(课程开发者:马洁盈)

第四章 道香课程：生命在于运动

法国著名医生蒂索说过:"运动就其作用来说可以代替任何药物,但世界上的一切药品并不能代替运动的作用。"激发孩子参加体育锻炼的热情,对孩子增强体质、健康生活一辈子、幸福快乐一辈子大有裨益。生命在于运动,让孩子投身体育运动,培养孩子锻炼的习惯,是学校教育最重要的一项内容。

《吕氏春秋》有言:"流水不腐,户枢不蠹,动也。"一切事物都在不断的运动中发展,人的情况尤其如此。经常运动,生活有规律、有节制的人,体质便强壮,精力便充沛,寿命便延长。不参加运动的人,生活无规律的人,常常是疾病缠身,精神委顿,精力不足,多有夭折。苏联教育家苏霍姆林斯基曾这样说:"我们力求使学生深信,由于经常的体育锻炼,不仅能发展身体的美和动作的和谐,而且能形成人的性格,锻炼意志力。"

道香课程的理念就是坚持"健康第一"的指导思想,促进学生健康成长;激发运动兴趣,培养学生终身体育的意识;以学生发展为中心,重视学生的主体地位;关注个体差异与不同需求,确保每一个学生受益。小学体育是促进儿童健康成长,养成良好健身习惯的重要阶段。伟大领袖毛泽东也早在《体育之研究》一文中写道:"小学之时,宜专注重于身体之发育,而知识之增进、道德之养成次之;宜以养护为主,而以教授训练为辅。"因此,我校开设的道香课程,无论是教学内容的选择还是教学方法的更新,都力求符合小学生的实际需求,同时也非常注重学生的情感体验。

研究证明,体验锻炼对中枢神经系统和内分泌系统有刺激作用,能改善代谢过程,活跃氧化过程,改善血液循环和呼吸功能,有助于推迟各器官的老化,提高健康水平,预防疾病,振奋精神,改善心理状态以及调动和发挥其主观能动性。因此,我校致力于开发道香课程。本课程的开设是为了让学生的身体素质得到锻炼,在进行体育活动的同时,学会团结协作,增强学生各方面的综合素质。身体才是革命的本钱,让每一个正在成长的孩子健康快乐地成长是学校义不容辞的职责。

中国体育界泰斗、华南师范大学教授卢元镇研究认为,"球具有不稳定的结构,稍一碰动,就会发生位移。球又是一种非常容易稳定下来的物体,可以在任何位置上变动态为静态,变静态为动态。所以它是最听从指挥的,把它作为游戏的器具,可谓得天独厚"。球类运动为人们提供了一个竞技、竞争的环境,为人的个性张扬和个性发展提供了广阔的天地,显现出了健康向上的生命活力和追求内心的自我超越。羽毛球、足球这两项作为广州市开展全民健身和竞技比赛的重要项目,技术多姿多彩,战术变幻莫测,我校开设"羽球飞扬"和"踢出一片天"课程,在课程中通过身体素质、心理素质、技术、战术等训练以及理论学习和比赛实战,提高学生的奔跑能力、快速反应能力和身体的灵敏性,培养他们细致的观察力、准确的判断力和敏捷的行动能力,这一过程即是人的个性发展过程,也是人格精神塑造的文化熏陶过程。

如果要选择一种既古典又时尚,且能同时修身塑形、培养性格、锻造气质、释放压力的高雅运动,击剑无疑是不错的选择。击剑是一项新兴的时尚运动,与射击、游泳、马术和越野,一同被列为现代五项。击剑是有氧和无氧相结合的运动,是体魄的锻炼,更是一场心性的修行。我校的"剑道芭蕾"课程通过击剑基本认知、实战训练、剑道交流、击剑操编排配乐、展示表演等教学活动,培养学生养成良好的素养、优秀的品质、坚强的毅力、高贵的气质、优雅的举止和良好的心理素质。

现代跆拳道创始人之一李仲佑认为"跆拳道是正人之道"。有着"世界第一搏击运动"之称的跆拳道,其"礼义廉耻,忍耐克己,百折不屈"的精神与中国传统文化精神是一脉相承的,"以礼始,以礼终"是对儒家思想的继承和发展。这项运用拳和脚技术进行搏击、格斗的对抗性运动形式,以强有力的腿击而闻名,其腾空和转身腿法最为出名,以武道的形式进行教育和文化熏陶。学生在"拳脚有道"跆拳道课程里,学习跆拳道运动的基础理论知识、实践练习拳脚技术和攻防战术、修为礼仪文化,提高自身身体的灵活能力、反应能力、防身自卫能力和礼节修养,可谓强身健体、锻炼意志、娱乐交友,相得益彰。

每一个运动项目都是多种品格的结晶与融合,它们会渗透到日常行为的各个方面。让懦弱的人学会竞争,让自私的人学会分享,让自卑的人变得自信。毋庸置疑,竞技体育对人的影响很大,大至改变命运、人生轨迹;小至转变生活习惯、为人处事的态度。我校的道香课程分别由"羽球飞扬""剑道芭蕾""踢出一片天""拳脚有道"组成。每个课程都从"课程概述""课程目标""课程内容""课程实施""课程评价"等五个方面去阐述,整个课程有充足的理论依据作为支撑,有科学合理的实施途径和方法作为质量保证,真正做到有理可依,有章可循,有法可用,切实提高学生身体素质,增进青少年身心健康。

体育运动过程是一个不断对面挫折和克服困难的过程,是一个不断超越自我的过程,一个不断互相评价和自我评价的过程。通过学校"道香课程"的实施,学生的运动能力和运动积极性得到了提升,抗挫折能力和情绪调节能力得到了提高,同时学生通过体验进步或成功的喜悦,体验各种复杂的情感,增强了自尊心和自信心,培养了坚强的意志品质,培养了创新精神和创新能力,并形成了积极向上、乐观开朗的生活态度。

法国思想家伏尔泰提出了"生命在于运动"的体育哲学运动观和生命观等重要命题。法国著名医生蒂索说:"运动就其作用来说可以代替任何药物,但世界上的一切药品并不能代替运动的作用。"激发孩子参加体育锻炼的热情,对孩子增强体质、健康生活一辈子、幸福快乐一生大有裨益。达·芬奇说,运动是一切生命的源泉。我们要让孩子积极参加体育运动,培养孩子坚持锻炼的良好习惯,让他们的一生都在运动中受益。

(撰稿者:高旦)

课程智慧 4-1

羽球飞扬

适用年级：小学三年级、四年级

一、课程背景

羽毛球是广州市的"市球"，在广州有着良好的群众基础，是广州开展全民健身及竞技比赛的重要项目，它是由爆发力、速度、弹跳、协调性等人体基本素质组成的综合性体育活动，是水平二学生喜爱的运动项目。

学习羽毛球，可以提高学生的奔跑能力、快速反应能力和身体的灵敏性。羽毛球运动的高强度及技术动作的高要求，有利于培养学生的意志品质；羽毛球运动的竞争性及配合性，有利于培养学生的竞争意识与合作意识；羽毛球运动的趣味性，有助于学生减缓学习压力、缓解情绪，带来情感的愉悦及终身体育意识的养成。

本课程的理念是：羽球飞扬，我心飞扬，做一个快乐向上的人。学生跟随羽毛球飞翔的节奏，在轻松愉悦的学习氛围中，锻炼健康的体魄，陶冶积极乐观的情操，做一个爱学习、爱运动、爱生活的健康、快乐、向上的人。

二、课程目标

1. 了解羽毛球的概况和比赛规则，会看球。
2. 初步学会羽毛球的发球、接发球、拉后场高远球、杀球技术动作，并能应用到实战及比赛中。
3. 体验学习羽球的乐趣，在学习和生活中做一个快乐向上的人。

三、课程内容

羽毛球运动是一项比较受人喜爱和普及的体育运动项目,它的主要技术动作有发球、接发球、拉高远球、杀球、接杀球、吊球、平抽挡等,由于羽毛球运动在室内室外都可进行,所以开展起来比较方便,但是由于需要持拍,对场地的宽度有一定的要求,所以在水平一开展起来具有一定的危险性,而水平二的学生自律能力较强,并且开始喜欢有一定对抗性的运动,在水平二开展羽毛球教学,更容易让学生接受。

本课程在水平二中实施,分为四个模块:

第一模块为发球,主要学习握拍、正手发球、反手发球。具体安排为第 1 课时学习握拍、正手发高远球;第 2 课时学习反手发前场球、反手发高远球;第 3 课时复习所学内容,并学习正手发网前球。

第二模块为接发球,主要学习接发前场网前球、接发后场高远球;具体安排为第 4 课时学习接发网前球,并回后场高远球;第 5 课时学习接发后场高远球,并回后场高远球;第 6 课时结合接发网前球、后场高远球练习。

第三模块为拉高远球,主要学习正手拉后场高远球、反手挑后场高远球;具体安排为第 7 课时学习拉正手直线高远球;第 8 课时学习拉正手斜线高远球;第 9 课时结合学习正手拉直线、斜线高远球;第 10 课时学习反手挑后场高远球;第 11 课时结合学习正反手拉、挑高远球。

第四模块为杀球,主要学习中后场杀球(以下压球为主)、中前场杀球(以连贯为主)、单打比赛测评(分半区循环淘汰制)。

四、课程实施

本课程主要面向小学三、四年级(水平二)学生开展,具体教学人数以 30—40 人为宜,需要在羽毛球场开展,根据学校课程安排每周 1 课时,共计 16 课时。具体实施方法如下:

（一）视频学习法

每个模块学习的第一课时，全体学生观看教学或比赛视频，了解学习内容，激发学习兴趣，领会、模仿动作要领，提高学习效率。

（二）实战学习法

每个课时的学习都结合实战练习，学生两人一组进行对练，提高学习的实用性和针对性。

（三）竞赛学习法

在测评环节中，采用竞赛学习法，考察学生综合运用知识能力，了解自己的优势和不足，提高学习的目标性和针对性。

五、课程评价

（一）评选性评价

通过学习竞赛，选取学习标兵，激励学生在以后的羽球学习中不断克服劣势，提升自身技术水平和综合运用知识的能力。具体安排为第12课时学习中后场杀球；第13课时学习中前场杀球；第14课时学习结合全场的杀球；第15课时、第16课时为比赛测评。

（二）展示性评价

每个学生在每个课时对技术动作的学习和掌握程度不一，对每个学生在每个模块的学习中的不同表现给予针对性展示和评价。学习认真、技术动作掌握较好的学生展示，作为榜样，给予表扬；基本掌握技术动作的学生展示，进行鼓励；技术动作掌握不扎实的学生展示，找出优缺点，并以激励为主。

（课程开发者：李新权）

课程智慧 4-2

剑道芭蕾

适合年级：三、四年级

一、课程概述

剑，这里指的是西洋剑、中国的击剑。在剑道上进行激情与豪迈的体验，它通过激烈的对抗与格斗、快速与敏捷、斗智与斗勇中体验成功的乐趣，挑战挫折。击剑主要分为佩剑、花剑、重剑三个剑种，不同的剑种适合不同气质的孩子，教师根据孩子的自身条件安排学习。三、四年级的学生已对击剑步法、手上技术有所接触、了解，所以我们进一步借助"剑道芭蕾"课程，培养学生对击剑运动的兴趣。

本课程的实施能培养学生的终身体育运动意识、提高竞技水平和审美创造能力。通过击剑比赛提高学生自信心、敢于面对困难和勇于挑战的精神。

本课程的理念是：走进击剑，提升自我。通过本课程的学习，让学生在练习中自我创造、在比赛中敢于拼搏，用自己的热情感染同学，与之共同学习、共同进步，团结协作，为终身体育奠定基础。

二、课程目标

1. 感受击剑运动魅力，激发学习兴趣，提高审美能力。
2. 掌握击剑技能技巧、比赛礼仪和规程。
3. 经历击剑运动的比赛过程，提高竞争意识，培养良好的比赛作风。

三、课程内容

本课程以让孩子爱上击剑为主题,内容分为四个模块:

（一）认知活动

主要内容是了解击剑运动的起源,击剑的分类,击剑装备与场地,击剑礼仪,通过认识一些我国世界水平的运动员,增进孩子对击剑运动的认知。

（二）实战活动

主要内容是花剑、重剑、佩剑的基本站姿步法,及击剑实战的基本动作要领练习及实战练习,使之掌握技术能力,增强对击剑的兴趣爱好。

（三）剑道交流

内容包括击剑操编排,击剑学习心得、击剑队员成长故事。通过展示活动,让孩子经历过程,交流分享,认识创造生命的价值,培养小组合作学习的团队意识和评价能力。

（四）展示活动

主要内容是组织一场击剑比赛展示,让孩子认真准备、大胆参与并感受比赛气氛,使击剑运动在校内更好地推广与普及。

四、课程实施

本课程依靠击剑教学大纲、网络查阅相关资料以及学校配备器材与场地等多种渠道获取教学资源。面向三、四年级的学生开展社团教学。每学年为一个教学周期,上期 16 课时,下期 16 课时,每课时 40—60 分钟。

（一）识击剑,激欲望

分小组分任务查阅资料,了解击剑运动的历史、演变及名人事迹以及我国的击剑水平,这样不仅激发了学生对击剑的深刻认识,而且在收集中也有所感悟,同时也激发了学生学习欲望和兴趣的培养。

（二）乐参与，树信心

分组进行击剑步法与实战展示。每名学生都在教与练的角色呼唤中熟练击剑步法和手上技术动作，在教与练中不断规范自己和同伴的动作，从中学会欣赏自己和同学，感受成功并且明白步法的运用。

（三）剑道交流，编操配乐

通过参与击剑操的编排配乐，进一步领会和巩固击剑步法的技巧和运用，凸显个性化和提高其创造力，运用文字表述，记录学习心得，提高学习训练效果。

（四）学点子，展风采

教师指导学生学会了解对手，分析对手，做到知己知彼，百战百胜。最后每一名学生都把自己最扎实的步法、最优美的手上动作、最了得的得分手段展现出来。

五、课程评价

本课程在评价方式上采用学生自评、学生互评、教师评价相结合的方式。具体的评价占比为：出勤情况10%，学生自我评定30%，小组互评20%，教师评定40%。具体评价方法如下：

（一）自评

"剑道芭蕾"个人评价表

评价人：

内容	比例	评价标准	自评
知识与技能	40分	掌握击剑运动的基本知识，竞技战术在实战中的灵活运用以及科学的锻炼方法，增强学生的反应、灵敏、协调、速度、力量等素质。	
态度与参与	20分	在击剑课上的出勤与学习表现非常好，并能主动和积极参与教师安排的各项活动。	
合作与评价	20分	能够与同伴团结协作，共同学习，取得成功，同时能够公正、准确的评价他人。	

续表

内容	比例	评价标准	自评
健康行为	20分	有良好的生活习惯,表现出较强的自信心,敢于面对困难和勇于挑战的精神。	
总分	100分	/	

(二)小组互评

"剑道芭蕾"小组成员评价表

小组名称:_____ 评价人:_____

内容	比例	评价标准	成员姓名:
			得分
知识与技能	40分	掌握击剑运动的基本知识,竞技战术在实战中的灵活运用以及科学的锻炼方法,增强学生的反应、灵敏、协调、速度、力量等素质。	
态度与参与	20分	在击剑课上的出勤与学习表现非常好,能主动和积极参与教师安排的各项活动。	
合作与评价	20分	能够与同伴团结协作,共同学习,取得成功,同时能够公正、准确的评价他人。	
健康行为	20分	有良好的生活习惯,表现出较强的自信心,敢于面对困难和勇于挑战的精神。	
总分	100分	/	

(三)教师评价

"剑道芭蕾"教师评价表

评价人:_____

学生姓名	平时						活动参与	阶段评价	综合评价
	考勤纪律	团结协作	知识技能	学习态度	学习效果	综合			

续表

学生姓名	平时						活动参与	阶段评价	综合评价
	考勤纪律	团结协作	知识技能	学习态度	学习效果	综合			

（课程开发者：钟敏珍）

课程智慧 4-3

踢出一片天

适合年级：三年级

一、课程概述

当前校园足球在小学开展如火如荼，足球这项运动对于增强学生体质，提高心理品质，培养集体意识具有显著作用。加强校园足球建设，把足球列入体育课教学内容，发展足球社团，培养足球兴趣，开展足球竞赛活动，不断培育足球爱好者和足球人才，同时增强学生、家长对足球的认同感，支持学生课余、校外参加足球活动。

本课程的理念：校园足球从娃娃抓起。校园足球之所以成为热点，并在中小学得到大力推广，一是源自政策上充分的支持；二是足球运动集体性、对抗性特点，对于提高小学生心理品质，增强体质具有显著作用；三是我国的足球运动水平要想得到提高，必须依靠培养高质量的后备人才，"从娃娃抓起"的意识已被广泛认同。

二、课程目标

1. 掌握和应用基本的足球知识和运动技能，增强体能。
2. 具有良好的心理品质，表现出人际交往的能力与合作精神。
3. 提高对个人健康和群体健康的责任感，形成健康的生活方式。

三、课程内容

本课程以小学生零基础开始学习足球为设计方向，分为六个模块，分别为：

（一）身体素质训练

各种体操和垫上滚、翻运动；练习各种敏捷性的跑、跳跃、跨越，培养反应速度、柔韧性、平衡、协调和节奏感等能力。

（二）心理素质训练

培养儿童球员的求胜欲望和自信心。在任何场合应以鼓励与表扬为主，让他们在训练和比赛中享受足球的快乐。

（三）技术训练

熟悉球性和控制球练习为主，包括地滚球、反弹球和空中球。借助游戏形式，来传授最简单的足球技术：运控球、传球、接球和射门。

（四）战术训练

借助1∶1、2∶2、3∶3和4∶4单球门和小球门的比赛向球员介绍足球比赛的基本战术思想"攻与守、进球与阻止进球"，认识控球的重要性，鼓励球员去争夺控球权，培养球员抬头观察的能力和意识。

（五）理论学习

懂得简单比赛规则，如进球、手球、界外球等。介绍球星的成长故事，观摩职业队训练和比赛。

（六）比赛实战

参加五人制、四人制为主的比赛。比赛时间为20分钟（上下半场各10分钟），提倡在市内、区内周末举办比赛。

四、课程实施

本课程主要面向小学三年级学生开展，具体教学人数以30—40人为宜，需要在足球场开展，根据学校课程安排，每周1课时，共计16课时。具体实施方法如下：

（一）全面教学法

每一名球员都同时练习，用于开始或结束部分：如开始部分的球感练习或结束部分的技术或体能练习，此方法可以兼顾所有球员练习，但不能区别对待指导单个球员训练。

（二）流水线教学方法

必须保证掌握每名球员练习的情况下轮流练习，此方法用于技术攻关。

（三）轮换教学法

当场地器械不足时，球员分组轮流进行练习。多用于基本部分的技术教学训练阶段。

（四）小组教学法

当师资出现不足时，采用分组形式，教练负责复杂的和教学重点的那一组，其余组由组长负责进行练习。

（五）个别教学法

主要是针对个人、小组的技术或体能的补充练习方法，训练位置、能力、技术种类等，多用于基本部分开始或结束阶段。使用此方法需要足够设备。

（六）循环教学法

这是一种为了达到某一技术或体能的重复训练方法，此训练形式特点：分站练习、强调练习和间歇时间、练习顺序、多次以上循环。

五、课程评价

教学评价实际上是一种管理手段，每一次评价就是对教学进行一次调控，通过评价，确保校本课程的顺利实施。本课程评价采取学生和教师自评、互评和考核组评价三种方式，即体现自我反思，又体现民主参与，既体现客观公平，又体现科学合理。评价等级为 A（优）、B（良）、C（合格）。

学生自我评价表

学生姓名	体能评价	足球基本技术评价	实战竞赛表现评价

教师评价表

学生姓名	体能评价	足球基本技术评价	实战竞赛表现评价

考核组评价

学生姓名	体能评价	足球基本技术评价	实战竞赛表现评价

（课程开发者：钟志扬）

课程智慧 4-4

拳脚有道

适合对象：五、六年级

一、课程概述

跆拳道有着"世界第一搏击"之称，起源于古代朝鲜半岛，跆拳道的"道"就是表现朝鲜民族自己独特的传统文化、民族礼仪和民族精神，它吸取了中华武术的精髓，运用"太极"之理立论，以"八卦"之理立名，揉进"阴阳"等学说，具有极其深刻的内涵和丰富的哲理。现代跆拳道运动以腿法为主，拳脚并用，动作追求速度、力量和效果，以击破力为测试功力的手段，强调呼吸，发声扬威，礼始礼终，修炼坚韧意志，攻防自成体系。它所具有的运动哲理、精神意义、人格引导、体育价值等特点，使其在风靡世界的同时也迈进了奥林匹克的大门，成为学生喜爱的运动。

本课程的实施主要学习跆拳道运动的基础理论知识和正确的练习方法，学会有针对性练习，发展跆拳道运动技能，增强体质；培养学生乐于战斗，善于战斗的能力及持之以恒，勇于挑战，战胜自我和对手的优秀品质。

本课程的理念是：拳脚并用，内外兼修。通过跆拳道专项课的教学，使学生全面了解跆拳道运动发展、特点、武道哲学、裁判法；学会快速、准确、有力的技术特质和基本的自卫术，培养"礼仪、廉耻、忍耐、克己、百折不屈"的跆拳道品质。

二、课程目标

1. 了解跆拳道的历史、特点、作用以及有关的安全防护知识。

2. 掌握跆拳道的基本技术和战术，提高实战能力，提高强身健体和防身自卫的能力。

3. 自觉参与体育锻炼，掌握"礼仪、廉耻、忍耐、克己、百折不屈"的礼仪，具备勇敢、顽强、果断的意志品质和务实求真、精益求精的学习作风。

三、课程内容

本课程以身体练习为主要手段，本着循序渐进的原则使学生系统学习和掌握跆拳道的基本技术、战术和竞技礼仪。主要分为以下两个部分：

（一）理论部分，包括跆拳道简史，运动发展概况，项目特点，基本礼仪礼节，跆拳道宗旨，"礼义、廉耻、忍耐、克己、百折不屈"的跆拳道精神，运动特点，练习方法，竞赛规则简介，损伤的预防等。

（二）实践部分

学生在练习过程中要熟悉跆拳道竞赛规则，具有一定临场执裁能力；掌握基本手法、步法和技击技术，掌握一种品势练习；基本掌握跆拳道的腿法、拳法以及基本腿法的连接技术，具有一定的战术意识和比赛能力。

1. 基本技术：准备姿势、基本腿法、基本步法、防反技术、组合技术。
2. 基本战术：进攻战术、移动战术、对付不同体形对手的战术。
3. 身体素质：力量、速度、耐力、柔韧、跳绳、脚靶、击打。

四、课程实施

本课程面向五、六年级跆拳道社团的学生开展教学。每学年为一个教学周期，上期 16 课时，下期 16 课时，身体素质训练每堂课安排 10—15 分钟，每课时 40—60 分钟。以实践课教学为主的教学方式有直观教学法、讲解、示范、技能练习、竞赛表演。具体如下：

（一）讲解示范法

包括教师的口头讲解和以身示范两个方面，无论是教授新动作还是复习老动作,教师通过讲解边做边讲,边做边体会动作要领,带领学生进行有效的练习。

（二）直观教学法

精选一些优秀的跆拳道比赛和教学作品,组织学生观看并进行指导,学习跆拳道中的精华,感知跆拳道文化,同时在体育教学中反复进行练习达到效果。

（三）技能练习法

包括个人练习、分组练习和集体练习,主要针对学生对动作的掌握程度进行有效练习。

（四）竞赛表演法

选出优秀的学生进行教学指导,组织学生进行教学品势动作表演,同时也激发了学生学习欲望和兴趣的培养。

五、课程评价

本课程在评价方式上采用理论考试、技能腿法、个人品势、学习过程及综合进行评价如下：

1. 理论考试(30分)

与品势考试相结合,采用问答形式进行考试。考试内容为跆拳道起源与发展；跆拳道精神；跆拳道段位划分；跆拳道基本技术战术；跆拳道基本竞赛规则。

理论考试评分标准

30—25分	25—20分	20—15分	15—10分	5—0分
学生充分了解跆拳道运动的起源、发展、特点、作用以及跆拳道运动的比赛规则、礼仪等	学生基本了解跆拳道运动的起源、发展、特点、作用以及跆拳道运动的比赛规则、礼仪等	学生基本了解跆拳道运动的起源、发展、特点、作用	学生不怎么了解跆拳道运动的起源、发展、特点、作用	学生完全不了解或者是根本不知道什么叫跆拳道

2. 技能腿法(30分)

考试方法：两人一组，采用规定腿法进攻脚靶，教师根据技术动作完成情况进行打分。主要参考点：礼仪礼节、动作熟练程度、稳定性、击打点的准确性、击打效果等。

技能腿法评分标准

30分	27分	24分	21分	18分	15分	12分
动作规范熟练；熟练连贯，动作力度节奏适中，手、眼、身法、步配合好；动作路线正确，无错误	动作规范熟练；熟练连贯，手、眼、身法、步配合较好；动作路线正确，无明显错误	动作规范、熟练；较为熟练连贯，手、眼、身法、步配合一般；动作路线正确，无明显错误	能完成套路；动作较连贯；套路中有一次明显停顿；动作路线基本正确	能基本完成套路，有两次以上停顿，动作路线基本正确。偶尔一次动作错误	能基本完成套路；动作不规范、不协调、不连贯，动作路线不正确	不能完成套动作

3. 个人品势(20分)

考试方法：三人一组进行考试，教师根据学生动作完成情况进行打分，主要打分参考点有：礼仪礼节、品势的熟练性和连贯性，动作路线，动作节奏，动作力度、精神面貌、气势等。

个人品势评分标准

20—18分	18—16分	16—14分	14—12分	12—8分
礼仪得体，动作正确稳定，熟练协调，舒展灵活，适当运用步伐，击打准确、有利，效果明显	礼仪得体，动作正确稳定，熟练，步法灵活，击打有力	礼仪得体，动作基本正确，击打有力，击打点基本准确	礼仪得体，掌握动作要领，能基本完成动作	没有领会动作要领，动作不规范、不协调，击打不准确

4. 学习过程(20分)

学生在课堂学习过程中态度是否积极、认真、端正；通过学习技能掌握和个人进步幅度考评。每缺勤一次扣2分，迟到早退扣1分，每学期缺勤5次以上不能参加该项目考试。

考勤评分表

姓名＼内容	全勤	缺勤	迟到	得分

5. 综合评价：教师对学生以上所考核内容进行评价

综合评分表

姓名＼内容	理论考试	技能腿法	个人品势	考勤与态度	得分

（课程开发者：赵志永）

第五章
艺香课程：在富有美感的环境里长大

毕加索曾经说过:"每个孩子都是天生的艺术家,问题是怎么在长大之后仍然保持这种天赋。"让每个孩子都有机会能参与到学校以及其他部门组织的各项艺术活动中,给学生展示和表演的平台,让孩子们在富有美感的环境里长大,成为心灵高贵、举止优雅、淡定而美好的人,是我们矢志不渝的追求。

白朗宁说过"艺术应当担负起哺育思想的责任"。艺术作为一种精神能量,传播的是美好和幸福,是感染人们对"梦想"的一种向往和感受。艺术教育作为文化的载体,能提升学校的文化气质,树立办学特色,对学生的人格成长、情感陶冶以及智能的提高具有重要价值,而它更是一种最好的方式,能够在孩子内心播种幸福和快乐的种子,给孩子的一生带来积极的影响。学生在艺术课程中获得的艺术能力和经验,使学生毕生受益,让他们的生活变得丰富多彩、富有情趣,使他们的工作和学习变得更有效率、更富创造性。

　　艺香课程的理念是"让孩子在富有美感的环境里长大"。在艺香课程中努力将课程特色化,打造散发出独特艺术芳香的艺术课程。艺香课程旨在通过各种生动的音乐实践活动,培养学生爱好音乐的情趣,发展音乐感受能力与鉴赏能力、表现能力,提高音乐文化素养,丰富情感体验,陶冶高尚情操;通过美术课程中的儿童画和沙画等学习主题,培养学生的观察与感知能力、创意与表现能力、欣赏与评述能力;通过学习沙画的表现手法进行艺术创作,体验学习活动的兴趣,获得亲身参与实践的积极体验和丰富经验。

　　艺香课程的价值取向和定位在于关注学生的发展,以艺启智,创建艺术特色。国家《艺术课程标准》明确指出:艺术课程作为义务教育阶段学生的必修课程,对学生的人格成长、情感陶冶以及智能的提高等,具有重要价值。艺术课程综合了音乐、美术、戏剧、舞蹈以及影视、书法、篆刻等艺术形式和表现手段,对学生的生活、情感、文化素养和科学认知等产生直接与间接的影响。艺术课程不是各门艺术学科知识技能数量的相加,而是综合发展学生多方面的艺术能力;艺术课程也不仅仅是培养学生的艺术能力,同时还培养学生的整合创新、开拓贯通和跨域转换的多种能力,促进人的全面发展。

　　我校艺香课程分为音乐类、美术和书法三大类,其中音乐类包含有:"快乐童声"每周一歌(声乐)、"舞"彩童年(舞蹈)、开心"剧"场(音乐剧);美术类包含有:七彩童心(儿童画)和沙溢指尖(沙画);书法类包括有:偏旁部首、间架结构、博采众长、小小书法家。通过上述课程开展,让丰富多彩的艺术活动使校园充满欢乐与活力,学生们不仅能够乐在其中,得到美的享受,而且能够开发智力、陶冶情操、净化心灵,培养优美的举止和体态,促进身心健康发展。使他们的生活变得丰富多彩、富有情趣,工作和学习变得更有效率和更富创造性。

在课程实施过程中,我们根据学生年龄特点以及兴趣爱好,分层开展各项活动。低年级的学生年龄小,活泼好动,艺术课程开展以有趣、操作性强为主,引导学生积极参与儿童画、舞蹈、合唱预备班、铅笔书法、硬笔书法等活动;三年级以上的学生,已有了一定的思想和创作能力,他们可以根据自己的兴趣选择喜欢的科目,如舞蹈专业队、沙画兴趣小组、合唱团、音乐剧团、软笔书法等。教师队伍以本校教师为主,同时引进优秀校外资源,充分调动学校、社区、家庭资源,因地制宜,多渠道、多方式地加以开发和利用,进一步提升和拓展课程,使学生的艺术审美能力和表现力得到专业化的指导和提升。

学校艺术教育是系列化且常态化的,我们重视艺术教育活动的展示和评比,每年的五月和十月分别举办"龙舟制作大赛"和"灯笼制作大赛",六月举行"六一文艺汇演",一月举行"香雪文化艺术节",丰富多彩的活动激发了学生艺术学习的动力,增强了学生的自信心。

毕加索说过:"每个孩子都是天生的艺术家,问题是怎么在长大之后仍然保持这种天赋。"因而,"让孩子们在富有美感的环境里长大,成为心灵高贵、举止优雅、淡定而美好的人",是我们矢志不渝的追求,让校园里的每个孩子都有机会能参与到学校以及其他部门组织的各项艺术活动中,给学生展示和表演的平台,通过活动激发学生的艺术热情,在活动中培养学生的创造性和合作性,提高学生的艺术素养。

正如苏联著名教育家伊·安·凯洛夫所说"美育是学生全面发展的一个不可缺少的部分,它的本质在于理解自然和社会的美,理解人与人的相互关系的美,在于以艺术眼光来认识周围现实,也在于培养艺术上的美的创造力"。艺香课程是我校素质教育的重要内容之一,通过艺香课程的实施,培养学生的艺术创造力和表现力,使孩子们变得阳光健康、优雅自信、心灵高贵,成为一个快乐幸福而又浑身散发着迷人香气的儿童!

(撰稿者:尹朝霞)

课程智慧 5-1

沙溢指尖

适用年级：四年级

一、课程概述

在孩子们的眼里，沙画不仅仅是作画，更是沙子与人的智慧的完美结合。在这里，孩子们的智慧得以碰撞，想象插上了翅膀。一掬细沙、一双妙手，能在瞬间变化出种种图案，惟妙惟肖。是孩子们的小手让沙子有了生命。

课程以学校为基地，整合学校课程资源，更符合学生、学校的特点和需要，能拓宽学生的学习空间，满足多样化的学习要求，有利于学校特色推行、学生个性发展、教师知识面的拓展和综合素质的提高，符合教育改革的发展趋势。

课程理念：放飞梦想，运沙有法，手握世界。沙画从人"玩"的天性出发，让孩子手捧细沙，在一撒一抹一点一画间放飞无限的想象，变幻万千世界，开启创新的潜质。沙画学习在于培养学生对沙画的兴趣、爱好，增长知识、提高技能、丰富学生的课余文化生活，提高学生的欣赏水平及创造能力。

二、课程目标

1. 学会沙画的基本知识、技能技巧，懂得造型知识，进行艺术创作。
2. 体验学习活动的兴趣，获得对沙画艺术创作的持久兴趣，获得亲身参与实践的积极体验和丰富经验。

三、课程内容

经过本课程的学习,不但让学生认识各种各类沙子,还教会学生制作沙画。先学会手对沙的流量和力度的控制,再联系一些基础手法,并有目的地尝试绘制简单图形,最终能完成一些简单的沙画。

本课程包括四个模块的内容,具体安排:

第一模块:欣赏、了解沙画。

1. 什么是沙画

沙画,也称表演沙画,也叫沙动画(Sand Anim-ation)。它是一种随性的创造艺术,随音乐起伏,将画面赋予故事性、场景性,来表现内心的情感。通过作画者的手和微细的沙子与底部亮光形成独特的影像,变幻多端,有奇妙的视觉效果,并具有不可重复性。沙画是利用简单的点、线、面等绘画要素并结合沙子来表现的绘画形式。

2. 沙画原理

沙画表演是通过底部灯箱的光源,用沙子在灯箱上方作画,利用光影反衬的原理,呈现出画面,沙子以其特殊的形态,能产生丰富的形态变化,使得沙画绘画作品生动而神奇,再通过作沙画者顶部架设的摄像机镜头垂直拍摄,将画面信号传输到大型屏幕上面,效果震撼。

3. 沙画室使用要求

沙画台需要用电,不要随意动电源、插排等,禁止扬沙、乱撒、乱抢,上课时不能随意走动,保持课堂安静。

第二模块:沙画技法学习

1. 高空撒沙的技法

(1)高空撒沙:也是大范围撒沙,能够撒的比较均匀,范围比较大,适合铺背景。

(2)手法:手心朝上,在整个沙画台甩开手臂,左右交叉,沙子流量均匀进行铺撒。

(3)高空撒沙在沙画表演中舞台表现力非常强,抬头挺胸注意自己的体态。

高空撒沙也是大范围撒沙，大多用来铺背景用，要多加练习才能撒的比较均匀。

2. 低处撒沙的技法

低处撒沙也称局部撒沙，在低处撒沙可以撒出不同的图形，根据沙子的厚薄可以作为沙画图形的过渡使用，在沙画中有修改图形的作用。

（1）练习撒出不同的图形，例如：花朵、树木等局部需要沙子的地方都可以通过低处撒沙来完成。同时低处撒沙可以作为局部的修改，将沙子把不需要的地方覆盖，进行再次修改和处理。高空撒沙和低处撒沙都是为了让画面均匀，有层次感。

（2）手法：单手抓一把沙子，手心朝上，在要修改（过渡）的地方左右摆动右手，均匀撒。

3. 漏沙的技法

（1）学习漏沙了解基本概念及手法的运用。

把沙子握在手里并握紧拳头，靠拳头的松紧控制沙子的流量，线条会产生粗细的变化，同时在快速移动时，手的高低变化也会发生相应变化，此手法主要用来描绘图形。在沙画中最为常见，由点、线组成的图形都会用到漏沙，也是沙画中的关键。

（2）利用漏沙来练习画各种线与点。

4. 点沙的技法

点是沙画中运用比较多的，根据画面的需要，有黑点和白点。实点就是黑点，一般情况下通过漏沙形成，在画眼睛、葡萄、樱桃等比较小的东西的时候，都要通过实点画出，但是为了画出来立体的效果，也会配合虚点形成画面。虚点就是白点，一般情况下通过画沙形成。大多数情况下是刮白形成的。

（1）练习实点及虚点。

（2）用点沙的技法练习画雨、树叶、水、人物的眼睛等。

（3）尝试临摹作品《大树》，找出关于大树的简笔画来观察基本特征和构成，然后在练习本上画出的简笔图。在沙画台上画出树并加以创意点缀修饰成一幅完美的沙画。

5. 勾线的技法

用指尖勾勒，勾出空白线条。进一步，五指联动勾勒花边、波浪、头发丝。后面还会讲到双手配合，十指联动勾勒，这都是勾技巧的延伸。

（1）此技法多用于建筑，人物的外部轮廓，也用于高光处，通过初步的临摹体会勾线的魅力。

（2）勾线的注意事项：有时候手指不够纤细，可以用筷子，笔触，画笔等工具代替，用到纤细的工具替代手指时往往是对细节刻画。比如在对建筑边缘的反光角度进行刻画时。

（3）观察作品应该在什么位置进行勾线可以出来更好立体效果。利用所学的勾线举一反三，画出事物的影子来突出画面的立体感。临摹作品建筑物并勾线。

6. 画沙的技法

画沙也是在沙画中应用很多的一种技法，特别是对于不会，或者没有学过沙画的人，他们面对沙画台的时候，一定都是用食指在沙画台上画。其实在画沙画的时候，也不仅仅是用食指画，很多时候十个指头、手掌、手的侧面、手指的背面及我们的指甲等都能用到。

画沙是在画台上减少沙子的过程，也是突显物体轮廓的点睛之笔，例如：波浪、屋顶、路、头发等画出事物的轮廓等。

（1）练习选择不同的指头画不同的线。

（2）用不同的指头互相配合，画不同的线。

（3）十个手指配合画出线条，增加作画的速度。

用以上的手指练习画横线、竖线、画波浪线、画规则线、画不规则线、画弧线。

（4）尝试练习画竹子，观察基本特征和构成，然后在练习本上画出竹子的简笔图。在沙画台上画出竹子，并加以创意点缀修饰成一幅完美的沙画。

第三模块：用所学技法作简单沙画练习

运用学过的撒沙、点沙、勾线、画沙等技法学习制作一些简单的沙画。感受沙画的制作乐趣。

四、课程实施

本课程由三个模块组成,第一模块 1 课时,第二模块 6 课时,第三模块 9 课时,共计 16 课时,每周 1 课时。活动场所学校沙画室。

(一)各模块具体内容安排:

第一模块:了解沙画——1 课时

第 1 课时:欣赏、了解沙画。

第二模块:沙画技法学习——6 课时

1. 高空撒沙的技法。(1 课时)

2. 低处撒沙的技法。(1 课时)

3. 漏沙的技法。(1 课时)

4. 点沙的技法。(1 课时)

5. 勾线的技法。(1 课时)

6. 画沙的技法。(1 课时)

第三模块:利用所学技法制作简单沙画

1. 制作多种树的造型。(2 课时)

2. 制作天空小鸟。(1 课时)

3. 制作多种建筑物。(2 课时)

4. 制作多种人物造型。(2 课时)

5. 创作简单的风景画面。(2 课时)

(二)具体实施方法

1. 演示教学法:沙画学习的初级阶段需要老师适当的演示,引导学生对沙画的制作步骤有所了解。尤其是技法的学习更需要演示教学,让学生有直观的感受。

2. 欣赏教学法:欣赏优秀沙画作品,感受沙画的魅力,增加沙画学习的兴趣。

五、课程评价

沙画制作是学生初次接触的内容,除了技法的学习,还要注意作品创作的完整性、构图、黑白灰的安排,此外还需要培养学生良好的学习习惯,学习结束时要及时收拾好场地。具体评价方法如下:

1. 欣赏性评价法

学生的作品图片在屏幕上播放,大家欣赏后发表意见,学生先说,老师再总结,以鼓励为主。

2. 互评性评价

在学习制作过程中,学生左右两个相互评价,指出优、缺点,互相取长补短,互评有利于学生进步。

(课程开发者:高旦)

课程
智慧
5-2

"舞"彩童年

适合年级：三至五年级

一、课程概述

舞蹈起源于劳动，又与文学、音乐、美术相伴而生，是人类历史上最早产生的艺术形式之一，不但具有供人欣赏和娱乐的作用，同样也起到宣传教育的社会作用，而如今它也已成为当今实施素质教育的重要途径，与美的教育紧密地联系在了一起。

少儿舞蹈教育，从内容到形式都极为丰富、生动、活泼，深受学生喜爱，易被学生接受，符合学生的心理和生理特点，是艺术教育、审美教育的重要组成部分。

课程理念：感受舞蹈之美，表现艺术之魅。舞蹈是最特别的思想、实践与感受的融合体，有卓越的潜能来发展教育的各个方面，用舞蹈作为教育的一种手段，培养出自信、自强、乐意与别人合作、关心尊重他人的人。就像英国著名的舞蹈艺术家简·罗素曾说的那样："我们关心的不是培养出技巧表演者，而是怎样通过表演来教导学生，使学生热爱舞蹈、增长见识、丰富想象力及培养敏锐的洞察力。"通过对艺术的追求与体验，发展学生更敏锐的观察力及对事物的鉴赏能力。

根据学校的实际情况，以培养"人格健全，身心健康，基础扎实，学有特长"的学生，让丰富多彩的艺术活动使校园充满欢乐与活力，学生们不仅能够乐在其中，得到美的享受，而且能够开发智力、陶冶情操、净化心灵，培养优美的举止和体态，促进身心健康发展。

二、课程目标

1. 认识、了解舞蹈，对舞蹈表演产生浓厚的兴趣，在舞蹈训练中感受舞蹈的乐趣，善于用肢体语言表现自己最美丽的一面。

2. 了解我国不同民族舞蹈和外国个别特色舞蹈，在基本功训练的基础上感受舞台表演的魅力。

3. 参与舞蹈表演，培养审美情感，磨练毅力，提高身体素质，提高合作能力和集体荣誉感。

三、课程内容

本课程以儿童的舞蹈学习和表演为主旋律，包含以下四个模块的内容：

第一模块：儿童舞蹈欣赏和介绍

欣赏一些优秀的儿童成品舞蹈，开拓眼界，培养舞蹈审美。

第二模块：舞蹈基本功训练

进行舞蹈基本功的训练，增强学生表演舞蹈所需要的"力量感""柔韧性""稳定性""协调性"和"灵活性"。

第三模块：舞蹈表演排练

传授儿童舞蹈表演中应具备的理解力、模仿力、创造力，通过成品舞蹈排练，培养舞蹈表现能力。

第四模块：舞蹈展示表演

参与各种节日以及特定场合的表演，展示舞蹈之美，体验舞蹈表演带来的愉悦和收获。

四、课程实施

本课程以校舞蹈社团为教学对象。学生根据自身条件自愿报名，经过考核选拔成为社团成员,课后兴趣小组每周授课两次,每节课40分钟,共计32课时。教师通过互联网和其他途径收集整合教学素材,结合学生具体情况,确定具体教学安排和策略。

采用的实施方法有:口传身授、影像教学、排练表演等方式。

（一）口传身授法

包括教师的口头讲解和以身示范两个方面,无论是教授新动作,还是复习老动作,教师通过讲解边做边讲,边做边体会动作要领,带领学生进行有效的练习。

（二）影像教学法

精选优秀的舞蹈影像作品,组织学生观看并进行指导,学习舞蹈中的精华,感知舞蹈作品文化,反复揣摩舞蹈动作元素,提高舞蹈审美情趣。

（三）竞赛学习法

定期举行舞蹈学习方面的竞赛活动,例如:基本功大赛、舞姿舞步比赛等,评选优秀者,激发学生的学习激情,提高学习效率。

（四）排练表演法

组织排练舞蹈参加比赛和表演,体验舞蹈表演的乐趣,提炼情感,增强技艺,提高对艺术作品的理解力、表现力、想象力和创造力。

五、课程评价

在评价过程中强调学生各学习阶段的评价,给予其每一阶段不同的意见和鼓励,调动学生学习舞蹈的热情和积极性,同时提高对舞蹈学习创新思维的训练,使学生在每一阶段舞蹈教学中都能快乐、自信地学习。

评价方式主要有表演性评价、竞赛式评价和展示式评价三种。

1. 表演式评价

定期举行艺术汇报表演,根据学生的表现分设奖项,评选出"小天鹅奖"(分团体奖和个人奖)。

2. 竞赛式评价

举行"舞彩童年"擂台赛,进行基本知识方面与技能的考核,评选出最美舞姿奖、最佳表现奖、最强基本功奖。

3. 展示式评价

(1) 收集学生舞蹈作品影像资料进行展示。

(2) 在"六一"和"香雪文化节"等活动中,组织学生参加演出,展示学习成果并评选出"优秀演员"进行表彰。

(课程开发者:尹朝霞)

课程智慧 5-3

快乐童声

适合年级：一至六年级

一、课程概述

本课程是以歌唱为主，融合表演、指挥等综合表现能力的一门课程和校园文化的延伸拓展活动。从德育层面去甄选歌曲，每一个学期增加不同类型歌曲，根植社会主义核心价值观，激发、运用自身的天然乐器——"嗓子"，用歌声去抒发内心的情感，培养向真、向善、向美、向上的乐观主义精神。

本课程的理念：让每一个孩子快乐地放飞童声！在立德树人背景下，围绕"审美感知、艺术表现、文化理解、创意表达"的音乐艺术核心素养去探索学习。通过丰富学生的校园生活和学习形式，促进学生个性发展，挖掘艺术潜能，也作为学科知识课外积累补充。通过持续的每天一练、每周一歌的学习，积累一定歌曲量，增强表现美和创造美的能力，着力整体提升全校学生的歌唱表演水平和歌唱综合表现力。

二、课程目标

1. 能自信、大胆的演唱，熟悉更多类型的优秀歌曲，激发对歌唱的兴趣，感悟歌曲的旋律美、内涵美、意境美，增强表现美和创造美的能力。

2. 巩固课堂上学习的发声技巧和乐理，拓展歌曲量和掌握更多的演唱风格，提高艺术审美标准，了解更多的音乐表演形式——独唱、组合表演唱、齐唱、合唱等，提升歌唱综合表现力。

3. 探索声音的奇妙，挖掘音乐与大自然、音乐与动物、音乐与人、音乐与家国的人文情怀。

三、课程内容

课程内容是以歌曲为载体,进行歌曲自主学习和表演展示两个模块。

（一）歌曲学习内容

契合节日氛围、德育主题、学唱抒发赞美祈祝情感、符合儿童心理特征、与时代接轨、多元文化融合的歌曲。

（二）表演展示

通过开展活动呈现。在学校或者社区等展示独唱、小组唱、集体表演唱(家校共育,家长参与管理、服装、化妆准备)。

（歌曲学习内容范例）

（　　）学年第一学期每周一歌安排表

九月

第一周：《读书破万卷》	正心歌曲
第二周：《老师》	教师节颂歌
第三周：《悯农》	古诗吟唱
第四周：《虫儿飞》	流行歌曲

十月

第五周：《我仰望五星红旗》	国庆节
第六周：《小苹果》	流行歌曲
第七周：《月光光》	本土特色歌曲
第八周：《童年在长大》	正心歌曲
第九周："If you are happy"	英文歌曲

十一月

第十周：《我是鱼》	正心歌曲
第十一周：《阳光男孩阳光女孩》	正心歌曲
第十二周：《茉莉花》	江苏民歌
第十三周：《感恩歌》	感恩节

十二月

第十四周:《爱的人间》　　　　　　　　　　　　　　　抒情歌曲

第十五周:《闪亮全世界》　　　　　　　　　　　　　　正心歌曲

第十六周:"Just for you"　　　　　　　　　　　　　　英文歌曲

第十七周:《圣诞狂欢曲》　　　　　　　　　　　　　　圣诞节

第十八周:《广州梦想》　　　　　　　　　　　　　　　粤语歌曲

一月

第十九周:《让我们荡起双桨》　　　　　　　　　　　　合唱歌曲

第二十周:《我爱米兰》　　　　　　　　　　　　　　　正心歌曲

四、课程实施

每个学期20个课时,每个课时内容为一首歌曲,时间为8分钟,安排在下午课前时段,由学校广播站循环播放歌曲。

(一)准备阶段

1. 师生选歌、制作PPT。分别从节日歌曲、勉学歌曲、正心歌曲、流行歌曲、本土歌曲、英文歌曲经典儿歌、诗歌去遴选。

2. 培训管理。每班2名音乐骨干参与监督和记录同学们的表现,及时反馈班主任和科任老师。

3. 指挥培训。2名学生学习四二拍、四三拍、四四拍子歌曲起拍、收拍等指挥图式,歌曲的艺术处理方法。

4. 带唱培训。优秀歌手由音乐老师推荐或自荐,选拔后进行培训,从第三周开始优秀歌手负责推荐和指导2名领唱,两周为一期,各班安排好轮值表。

(二)歌曲学唱

1. 音乐骨干1名听到学校广播前打开PPT。

2. 另一名音乐骨干负责提醒同学们站起来演唱。

3. 全体默唱歌词。理解内容和熟悉旋律。

4. 全体轻声哼唱,逐渐加大音量。

5. 指挥挥拍演唱,强调强弱对比和情感演绎。

6. 有表情有感情有气息地地演唱。

(三)表演展示

在学校或者社区等展示:独唱、小组唱、集体表演唱(家校共育,家长参与管理、服装、化妆准备)。

展示汇报:

(1)音乐课堂热身、随机展示。

(2)期末展示表演。

A. 年级海选

B. 全校复赛

C. 学校总决赛、舞台展示

D. 评奖。校园十大歌手奖,校园优秀组合十名,十大优秀班级优秀表演奖

(3)社区或应邀表演。

(四)组织管理

1. 本课程设立一名主要负责老师。

2. 项目课程内容由音乐科组老师负责,每位老师负责两个学年的儿童歌曲,选择合适、趣味的图片,制作成 PPT。

3. 课时安排:每周一歌,每天一次,下午课前一次 8 分钟,每周五次。

4. 学习场地:各班教室。

5. 学习工具:学校广播系统、班级教学平台、舞台等。

6. 开播负责人:录入学校广播站系统,每天定时下午课前循环播放 8 分钟。

7. 各班班级管理员负责提醒监督学习情况。

五、课程评价

坚持公开、公平、民主的评价原则,以促进学生的发展为目的,设立

和竞赛性评价,每个学期表现积极学习效果明显评为"班级优秀小歌手"和"十大校园歌手"等。

（一）竞赛性评价

以常规班级或者小组合展示为主,旨在提供平台给学生锻炼提升,帮助学生自信、成功走上舞台,同时积极与社区等相关单位合力,为孩子们构建多元的展示舞台。每学年至少一次展演,以整体的演唱效果、舞台礼仪、编排造型、表演台风、创意表达作为评价标准。

附件：

节目顺序：

演唱效果 （音准、节奏、情感）(70分)	舞台礼仪 (5分)	编排造型 (5分)	表演台风 (10分)	创意表达 (10分)	合计 100分

（二）等第性评价

以课程价值和基本目标的实现为评价的出发点,发挥学校课堂上的学习效果展示,建立以歌唱积极状态、音准、节奏、歌唱感染力、整体审美等综合评价标准。

附件：

"快乐童声"每周一歌评价表

班级：　　　　　学号：　　　　　姓名：

周次	学生自评 （音准、节奏、表现力）	小组长评价 （音准、节奏、表现力）
第（　）周	□优秀　□良好　□一般　□不合格	□优秀　□良好　□一般　□不合格
第（　）周	□优秀　□良好　□一般　□不合格	□优秀　□良好　□一般　□不合格
第（　）周	□优秀　□良好　□一般　□不合格	□优秀　□良好　□一般　□不合格
第（　）周	□优秀　□良好　□一般　□不合格	□优秀　□良好　□一般　□不合格
第（　）周	□优秀　□良好　□一般　□不合格	□优秀　□良好　□一般　□不合格
第（　）周	□优秀　□良好　□一般　□不合格	□优秀　□良好　□一般　□不合格
第（　）周	□优秀　□良好　□一般　□不合格	□优秀　□良好　□一般　□不合格
第（　）周	□优秀　□良好　□一般　□不合格	□优秀　□良好　□一般　□不合格

续表

周次	学生自评 （音准、节奏、表现力）	小组长评价 （音准、节奏、表现力）
第（ ）周	□优秀　□良好　□一般　□不合格	□优秀　□良好　□一般　□不合格
第（ ）周	□优秀　□良好　□一般　□不合格	□优秀　□良好　□一般　□不合格
第（ ）周	□优秀　□良好　□一般　□不合格	□优秀　□良好　□一般　□不合格
第（ ）周	□优秀　□良好　□一般　□不合格	□优秀　□良好　□一般　□不合格
第（ ）周	□优秀　□良好　□一般　□不合格	□优秀　□良好　□一般　□不合格
第（ ）周	□优秀　□良好　□一般　□不合格	□优秀　□良好　□一般　□不合格
第（ ）周	□优秀　□良好　□一般　□不合格	□优秀　□良好　□一般　□不合格
第（ ）周	□优秀　□良好　□一般　□不合格	□优秀　□良好　□一般　□不合格
第（ ）周	□优秀　□良好　□一般　□不合格	□优秀　□良好　□一般　□不合格
第（ ）周	□优秀　□良好　□一般　□不合格	□优秀　□良好　□一般　□不合格
第（ ）周	□优秀　□良好　□一般　□不合格	□优秀　□良好　□一般　□不合格
第（ ）周	□优秀　□良好　□一般　□不合格	□优秀　□良好　□一般　□不合格

（课程开发者：魏炜玲）

课程智慧 5-4

开心"剧"场

适用年级：三至六年级

一、课程概述

儿童音乐剧，源自于十九世纪末西方的一种新兴综合艺术表演形式——音乐剧，是一种集音乐、舞蹈、文学、喜剧、表演、美术、化装、服饰等其他艺术于一体的综合艺术表现形式。

儿童音乐剧是以儿童为受众的舞台艺术形式，结合了歌唱、对白、表演、舞蹈等艺术形式，通过歌曲、台词、音乐、肢体动作等元素的紧密结合，把故事情节以及其中所蕴含的情感表现出来。有利于激发小学生对音乐的兴趣，有利于促进小学生个性化的发展，有利于提升小学生的审美能力。

本课程的理念是：寓教于乐，个性飞扬。本课程引导学生对音乐剧内容和形式的深入了解，根据学生情况分为若干学习小组，并根据音乐故事情节安排指定的角色/人物，在排演中鼓励学生发挥想象力进行情节、对白等的再编和创作，让学生们感受到音乐的多样性，从而丰富学生的表现力及内心对美好事物的追求。

二、课程目标

1. 了解儿童音乐剧的表演形式，把握舞台表现力；
2. 在练习和剧目表演中掌握对美的认知与追求的能力；
3. 在角色排演中体验团体合作，增强合作意识。

三、课程内容

本课程通过主要学习声乐、形体、语言、表演等形式开展。共6个单元,32课时。

第一单元:通过多媒体观看儿童音乐剧表演(2课时)。

第二单元:声乐课程　气息训练(2课时),发生位置训练(2课时),共鸣腔体训练(2课时),学唱歌曲与歌曲表达(4课时)。

第三单元:形体课程　芭蕾基训(2课时),简单的手位,站立训练。爵士基本功训练(2课时)头、肩、胸、腰腹、腿练习。

第四单元:语言课程　绕口令训练(2课时),简短文章朗诵(2课时),剧本台词训练(2课时)。

第五单元:表演课程　模仿训练(2课时),场景训练(2课时),故事情节表演训练(2课时)。

第六单元:剧目排演　基础剧目《爱丽丝环游记》排演。(6课时)(如遇比赛或演出等特殊情况,课程即进行相应调整)

四、课程实施

在课程实施前先准备相关儿童音乐剧的自编教材,互联网,多媒体课件,音像资料,一学年共62课时(每学期32课时);具体实施安排为影视学习法、示范讲授法、模仿练习法、排练表演法等方式。

(一)影视学习法

通过观看互联网多媒体等影视材料让学生认识并了解什么是儿童音乐剧从而培养其学习兴趣。

(二)示范讲授法

通过教师示范及讲授知识点,学生反复模仿及领会知识,掌握基本技能,夯实表演基础。

（三）模仿练习法

通过给予各种形态的事物，如模仿动物模仿人物或者模仿发声，模仿表情，加深学生对表演的表现力。

（五）排练表演法

通过排演基本的儿童音乐剧，让学生意识到团队合作并且灵活运用所学知识与技能，增强学生的音乐表现力。

五、课程评价

对学生的评价主要从学习态度，知识技能掌握程度以及最终的舞台成果表现能力三个方面原则进行。具体的评价方法有：

（一）考勤评价

每个课时进行点名，迟到早退及缺勤者相应扣分，实行百分制。

（二）测试评价

每单元结束后进行单元测试，如声乐单元结束后进行声乐展示的小测试并相应打出分数记录在册，其他单元以此类推。

（三）荣誉评价

在课程最后，安排剧目展演并设立相应的奖项，如"最佳小演员""最美形态奖""最佳台词奖"等，并对学生进行评价。

最终结合考勤评价20%、测试评价30%及最后展演获荣誉情况给出学生的最终课程评价，学生评价等级分为优、良、合格与不合格四级。

（课程开发者：李颖格）

课程智慧 5-5

偏旁部首

适用年级：二年级（下学期）

一、课程概述

写字是一门指导学生掌握写字技法和基本规律，培养学生良好书写习惯的课程，是语文教学中一项重要的基本功训练。

"偏旁部首"课程的实施，意在培养学生正确的执笔方法和写字姿势，养成良好的书写习惯，通过学习偏旁部首的书写要领，认识相关字的结构，提高学生在校期间书面作业质量，为他们以后继续学习和从事工作打下良好基础。写字对于培养学生的定力、耐力、注意力、观察力及手指的灵活度、协调配合能力等都是至关重要的。写好字也是在传承中华的文化。

"初步掌握写字的技巧和基本规律，正确、端正、整齐、美观，并有一定速度"。培养学生正确的执笔方法和写字姿势，养成良好的书写习惯，能把字写得正确、端正、整齐、美观，并有一定速度。正确，指的是字形规范，笔画不多不少，按照笔顺规则书写。端正，指字的结构比例适当，横平竖直，字形方正，字迹清楚。整齐，指的是字形大小均匀，行列整齐。美观，指的是所写的字达到正确、端正、整齐的要求，给人以美感。

二、课程目标

根据《新课标》小学低年级阶段写字教学的总目标及学生程度，二年级下学期"偏旁部首"课程目标为：

1. 了解各偏旁的书写要领，掌握相关字旁的写法，认识相关字旁的字的结构。

2. 参与临摹铅笔字作品。学会初步观察总结评价,增强对写字的兴趣和信心。

3. 能够把相关偏旁的字写得正确、端正、比例恰当。

三、课程内容

本课程包含必学和选学两大部分内容。必学内容主要是引导学生掌握正确的写字姿势和铅笔执笔要领,学会使用和保管写字用具,养成良好的写字习惯。其次引导学生掌握汉字的常用偏旁部首(左偏旁、字头、字底、右偏旁),能按笔顺规则用硬笔写字。最后是写相关偏旁的字。写得正确、端正、整洁,注意间架结构。初步感受汉字的形体美。养成认真、细心、灵活的良好品质。而选学内容是培养学生学习书法的兴趣,喜欢学习汉字,弘扬中华传统文化。

(一)必学内容

1. 铅笔字:握笔、坐姿、选笔、收拾。

2. 笔画、偏旁部首。

3. 练习写铅笔字。

(二)选学内容

配合教材选编一些程度略高于必学内容的硬笔字帖,如《三字经》《谚语》《歇后语》《唐诗80首》等供学生使用。

(三)本课程共4章

根据必学和选学内容,把本课程设计为4章,共用时16课时。

第一章:规范坐姿、握笔、收拾(1课时)

1. 多媒体《正确的写字坐姿》。引导学生正确的写字姿势。

2. 多媒体《正确的握笔姿势》。引导学生正确的执笔姿势。

3. 多媒体《我会收拾文具》。学会使用和保管写字用具,养成良好的写字习惯。

第二章:偏旁部首及相关字词(9课时)

1. 多媒体《偏旁部首与相关字词》。

2. 偏旁部首书写要领指导。练习写铅笔字,写得正确、端正、整洁。

3. 相关字词一般书写规律指导。引导学生掌握汉字的常用偏旁部首(左偏旁、字头、字底),能按笔顺规则用硬笔写字,注意间架结构。

第三章:硬笔字帖(4课时)

1. 多媒体《书法欣赏》。

2. 《三字经》或包含有中华传统文化的字帖。把字帖上的字写得正确、端正、整洁,注意间架结构。初步感受汉字的形体美。

第四章:我能行(2课时)

1. 班级铅笔字写字比赛。

2. 多媒体课件播放同学们进行书法比赛时的画面。欣赏硬笔书法作品的创作过程。

3. 展示全班书写作品。

通过4章的学习,使学生能够较好地掌握汉字的常用偏旁部首(左偏旁、字头、字底),能按笔顺规则用硬笔写字,注意间架结构。把字帖上的字写得正确、端正、整洁。在欣赏美丽的文字中陶冶情操,进一步感知"书法"的概念。

四、课程实施

"偏旁部首"课程实施之前应准备:把二年级下学期学生应该掌握的偏旁部首以及相关的生字归类,精心备好课,准备多媒体课件。设计课时为16课时。

课程主要由学生实践体验与教师点拨指导结合。采用"一看二描三写四评五改"的教学法,注重学生的兴趣,按层次进行个别辅导,使每个学生有所收益,逐步培养学生写字的能力。

一看:学生观察多媒体出现的偏旁部首。教学活动中,通过引导学生观察多媒体出示的偏旁部首,观察教师范写,使学生了解出示偏旁的书写要领,了解带有这个偏旁的字的一般书写规律。

二描：学生描红。根据多媒体出示的偏旁部首及教师的范写，学生在本子上描出此偏旁部首。

三写：学生仿写。学生通过实践掌握出示偏旁的书写要领，掌握带有这个偏旁的字的一般书写规律。教师的主要任务是给予指导和帮助。

四评：多种形式的评价。通过评价比较，使学生做到执笔正确，笔画规范，并逐步形成好习惯，促进学生书写取得进步。

五改：改进。写完一个字后，与范写作比较，找出不足，在写下一个字时，加以改进。

根据学生实际水平，创设情景，重组资源，使书写课堂生动有趣。兴趣是推动学习活动的一种内在动力。特别是低年级学生由于受自己认知水平的限制，做什么事往往只凭单纯的兴趣，因此，要始终坚持将培养和激发学生的写字兴趣贯穿在课程实施的过程中。同时，教师的作用贯穿于整个书写教学活动：学生实践前的范写，实践过程中的点拨，实践后的展示。因此，教师要注重面向全体，认真指导。

五、课程评价

本课程在评价方式上，采取学生自评、小组互评、教师点评相结合。具体做法如下：

1. 自评。这一环节是在学生仿写的过程中。当写好一个字后，随时和范字对照，找出不足之处，以便在写下一个字前加以改进。也可以是在小组互评时，看着小伙伴们写的字，跟他们的作品对照，面对面地展开自评。

2. 小组互评。在练写后，组织学生互相评议，或选取几份作为例子，集体评议。评议时，教师要给学生提供评价的标准及评价原则。如书写是否正确，结构是否合理，主要的笔画是否规范，运笔是否到位，字面是否整洁，要善于发现别的长处等。当学生有了评价的准绳之后，评价就能有的放矢。同时，在互评时，教师要鼓励学生对照自己的书写善于发现别人的长处，学习借鉴，以便改进。

3. 教师点评。在点评过程中,教师的点评往往起到关键作用。有时教师的一句点评可以增强学生写好字的信念。这就要求教师的点评要恰当准确,要善于捕捉孩子的闪光点;对孩子写得不足的地方,可以委婉地指出,帮助其改进。

(课程开发者:卢蔚莹)

课程智慧 5-6

间架结构

适用年级：三年级

一、课程概述

汉字的结构变化多样。由于低段学生的生字都写在田字格里，因此，可以要求学生借助田字格来学好写字。汉字的形体特点为方块形，独体字比较少。左右结构的字数量最多。这样的字要求做到左右基本等高，然后再看具体分类，如：左窄右宽，左宽右窄，左右相同等。左中右结构的字各部分要写得窄而长。上下结构的字各部分要写得均匀而扁平。对一些左右参差的字，就要学会互相谦让，对有捺和竖弯钩的字要预留空间，让其伸展。

字的间架结构是指笔画搭配、排列、组合成字的形式和规律。学生的字写得是否工整漂亮，与每一个字的笔画书写和间架结构有密切的联系。在田字格中书写，目的正是为了让学生掌握好字的间架结构，把字写得匀称、工整。学校以课堂为主阵地，坚持让学生天天有练习，周周有验收，月月有提高，对于提高学生的文化素质起着重要作用。一个人能写一手好字，是其修养和才气的凝聚，是其毕生拥有的一种幸福。

本课程的理念是："方正写字，堂正做人。"写字不仅是一种单纯的技能训练，特别是掌握了字的间架结构，才能合理搭配笔画，才能写出端正、平稳的字形。字如其人，写好字是我们每个人外在形象的象征。让学生熟练地书写出规范、美观的汉字，培养他们认真负责、持之以恒、锲而不舍的精神，提高他们的耐力、毅力和审美情趣等。

二、课程目标

1. 掌握汉字基本笔画的书写规范与书写方法,掌握汉字的基本间架结构与布局规律,养成良好的书写习惯,规范的书写姿势和执笔姿势。

2. 通过书法练习,写出一手漂亮的字,正确书写字的笔画顺序。

3. 通过接触书法,接触中国文化艺术之美,感受中国的传统文化。

三、课程内容

根据课程目标的定位,我们开设写字硬笔楷书教程的内容主要有以下三个模块:

模块一:笔法指导

用笔是书法教学中最关键的一环,也是练字当中最难学的一环。平时除了要求他们执笔正确以外,还教会他们随时转钢笔,如"捺"画提笔时,必须稍微改变一下笔尖的角度,这样才能提出刀口捺,否则笔锋就不能到位。

模块二:从基本笔画入手

在教学中,我强化学生要明白楷书的每一种笔画,都有一定的可视形象,而可视形象都有一定的书写规律和书写方法;楷书的每一个笔画都有起笔(顿笔)、行笔、收笔三个步骤。书写过程中,起笔或重或轻,行笔轻一些,其线条或粗或弧或弯,收笔或顿笔或轻提出尖,绝不能一律平划。让学生反复练习,掌握其书写要领。

模块三:结构指导

汉字的结构变化多样。由于中段学生的字,"整字练习""词汇练习"都写在田字格里,因此,我要求学生借助田字格来学好写字。汉字的形体特点为方块形,独体字比较少。左右结构的字数量最多。这样的字要求做到左右基本等高,然后再具体分类,如:左窄右宽,左宽右窄,左长右短,左短右长,左右相等。左中右结构的字各部分要写得窄而长。上下结构的字各部分要写得均匀而扁平。对一些左右参差的字,就要互相谦让,对有捺和竖弯钩的字要预留空间,让其伸展。

四、课程实施

本课程教学准备:《硬笔楷书教程》、书写工具,以钢笔为主要载体;教学时间为16课时;课程实施方法具体分为以下五种:

1. 分析法

古人有读"帖"之说。"读"即"观"。在写字训练中引导学生观察汉字,是首要一步。汉字的笔画组合、字形变化都有一定的规律和结构原则。在课堂上引导学生分析,使学生逐步熟悉结构和笔顺规则,另一方面还可培养学生的观察分析能力。汉字的主要结构有:上下结构、左右结构、上中下结构、左中右结构、独体字、全包围结构、半包围结构等。笔顺规则有:从左到右、从上到下、从外到内、先里头后封口、先横后竖、先撇后捺、先中间后两边等。掌握这些结构和笔顺规则,对于学生写字时把握汉字间架结构起着十分重要的作用。

2. 观察归纳法

在了解汉字结构和笔顺的基础上,观察汉字在田字格中的定位。引导学生归纳,比如左右结构的字,左半边占的位置大还是右边大或者一样大,分别在田字格中怎样写才美观。又如独体字应写在田字格中间等。掌握了汉字在田字格中的定位规律,间架结构把握得好,写起字来就得心应手。

3. 临摹法

观察分析是为了透彻地了解一个字,临摹则是让学生动笔实践,指导学生力求写出规范字,这是较难的一步,应严格训练学生做到"眼到、心到、手到"。"眼到"即用眼睛观察范字。"心到"即记清范字。"手到"就是把眼看到的,心中体会到的用手表现出来,这样,写出的字间架结构才能把握好。

4. 修正法

尽管学生按一定步骤去练习，但仍有可能把握不好间架结构。这就需要在老师的指导下，学生对照范字与自己所写的字进行比较，找出毛病，当即改正。这样不仅能不断提高书写能力，还培养了学生的观察比较能力。

5. 作品欣赏法

通过现代媒体、查阅图书资料等多种渠道了解历代书家故事、书家介绍、书家作品、书苑常识等；组织参观各类书法展，欣赏（写字）书法作品；建设书法教育网，利用网络资源进行写字（书法）、评价；出版师生作品集等。

五、课程评价

写字教学的评价要有利于引导大多数学生对于书写的兴趣；有利于形成正确的写字姿势；有利于学生掌握基本的规范的写字技能。对低年级学生的写字评价，要特别注重认真的书写态度和良好的书写习惯的培养，注重学生对基本笔画的把握，重视学生书写的正确、端正和整洁。随着年级的升高，还要注重他们书写的是否规范和流利，同时也要尊重他们的个性化审美情趣。应该通过评价来提高学生的书写兴趣和自信心。切不可用大量、重复抄写的惩罚性措施来对待学生。

写字教学中教师对学生的评价方法主要有：

1. 面批评价法

教学中，要常常走到学生中去，及时进行鼓励性评价。有时对个别学生进行手把手的写字指导，如"突出'成'字戈钩主笔！"面批也可以拉近师生之间的情感距离。教师竖一个大拇指，一个欣慰的微笑，一个有力的点头，都会传递给学生"你真棒"的信息。面对面示范纠错，即使是书写有困难的学生也会产生一种"我也行"的情感体验。

2. 形成性评价法

形成性评价主要考察学生平时的学习情况。包括课前准备、课堂表现、课堂作业、清洁卫生四个方面。

(1) 课前准备(既学生的学习)：标准：能按老师的要求准备好所有学习用品并摆放有序为优+；能准备好学习用品者为优；准备学习用品不齐全者为良；不带学习用品的为中。每节课进行检查，随时让学生作好记录。

(2) 课堂表现：上课善于观察、乐于倾听、勤于思考、勇于发言、会交流与合作者为优；基本能观察、会倾听、会思考、会交流与合作者为良好；依次酌情降低等次。

(3) 课堂作业：作业态度认真、美观为优；作业态度认真、美观为优；依次酌情降低等次。

(4) 清洁卫生：完成作业后能保持干净整洁为优秀；基本能保持干净为良；依次酌情降低等次。

3. 终结性评价

让学生根据指定内容自主选择进行表现完成作品，并相互进行评价。具体标准为：

(1) 执笔书写姿势正确，笔法：起、行、结、提按、方圆、转折、快行、慢行等，准确无误。

(2) 单字结构合理，重心平稳，舒展，主笔突出，点画呼应，大小一致，用笔流畅。

(3) 章法布局合理，行列整齐，风格统一，题款位置、大小与正文协调。

(课程开发者：钟笑银)

课程智慧 5-7

博采众长

适合年级：六年级

一、课程概述

博采众长：广泛采纳众人的长处及各方面的优点。而书法是一门科学性很强的艺术，小学阶段的书法教学，首先要引导学生掌握楷书的字形特点，倡导积极尝试、习练爱好的精神，让学生观赏书法刊物，开阔眼界、欣赏佳品、品评杰作、学会审美、勤学苦练、效仿名人，感受不同字体的美。

本课程的理念是感受书法艺术之美。在六年级设置硬笔书法课程，重在培养学生规范、端正、整洁地书写汉字，养成良好的写字习惯，形成自己的书写风格，具有初步的书法欣赏能力，不仅有其实用意义，而且还有独特的艺术性和多元的育人功能，提升师生继承弘扬民族文化艺术的责任意识。

"既学写字，又学做人。"学习古代名人学有所成的精神，激发学生热爱艺术的感情和奋发向上的信心。

二、课程目标

1. 欣赏经典碑帖，认识篆、隶、草、楷、行五种字体，了解字体的大致演变过程，感受不同字体的美。
2. 认识中国书法艺术文化的丰富内涵和文化价值。

三、课程内容

根据课程目标的定位，设置硬笔楷书教程的内容主要有以下方面：

1. 欣赏作品,激发兴趣。选取"硬笔楷书优秀作品",让学生自己发现字体的用笔特征,培养学生的学习兴趣,使学生自己总结出一些基本的书法特征。

2. 写字指导。写字,必须要求有正确的书写方法和练字步骤等,如果方法、步骤正确了,练字就会事半功倍,对于,学生的书写要多留心、勤督促、常提醒,使他们尽快纠正错姿,把握正确的握笔方法、书写姿势,养成良好的书写习惯。

3. 练习指导。汉字的笔画有特定的形态,笔画书写有起笔、行笔、收笔之分,有轻重缓急之分。每个汉字都是一个特定的图形,注意相同笔画不一样、左右对称、上紧下松、笔画与笔画的比例关系。多个横和多个竖同时出现在一个字中,横向和竖向都要等距。

四、课程实施

本课程教学以《硬笔楷书教程》为载体、以钢笔为主要书写工具;共计16课时。具体实施途径和方法如下:

1. 临写法

指导学生认真分析字形,对帖仿写,此法有利于领会书法的技法和内在韵味。

2. 阅读法

把字帖当作一本小说来阅读,当作一张黑白装饰画来欣赏,默记其技法、章法,此法可增强对于技法、章法、神韵的领悟。

3. 观察分析法

汉字的笔画组合、字形变化都有一定的规律和结构原则。在课堂上引导学生认真分析,使学生逐步熟悉结构和笔顺规则,另一方面还可培养学生的观察分析能力。汉字的主要结构有:上下结构、左右结构、上中下结构、左中右结构、独体字、全包围结构、半包围结构等。笔顺规则有:从左到右、从上到下、从外到内、先里头后封口、先横后竖、先撇后捺、先中间后两边等。掌握了这些结构和笔顺规则,对于学生写一手漂亮的字起着十分重要的作用。

4. 作品欣赏法

古今书法名家众多,"欧、颜、柳"等,他们风格各异,高年段的学"颜骨柳筋"和"博采众长",以颜真卿的《多宝塔碑》等为辅导材料,并引导学生去搜集各种书法流派的碑帖,由学生来展示各名家书法作品的风貌和品味,使学生在观察比较,了解各大流派的风格特点,让学生阅读碑文,感受颜体的字形美,加强学生对名家作品的临摹,提高学生的书法审美。

5. 作品展示法

设立书法展览角,定期展览学生书法作品,给每个人展示自己的机会。提高学生的练字热情,激发写字兴趣,增强了他们对祖国语言文字的热爱。

五、课程评价

写字教学的评价,首先要有正确的执笔运笔姿势,执笔轻重的调控,书写坐姿、站姿等;其次是注重正确的读帖方法和临帖方法,如看笔迹,悟其运笔过程,看结体悟其组合规律,临帖时"字数宜少、遍数宜多"等;再次是注意写字卫生。如桌凳、光线、写字姿势等,这样,不但可以养成良好的写字习惯,还可以培养气质。还要注重他们书写的是否规范和流利,同时也要尊重他们的个性化审美情趣。因此,写字教学中,课程评价方法主要有:

1. 自我评价

教师设定各种评价项目,让学生自我评估,自己写字有哪些字写得符合规格,哪些字写得不够好,这样,学生就很快知道自己的不足,有助于提高写字水平。

2. 同学之间评价

同学长期生活在一起,同学之间指出优缺点,相互容易接受,所以这样的评价很有参考价值。

3. 教师评价

　　教师要尽量寻找学生的优点，用符号、评语等鼓励学生。对写字比较好的学生，可以运用鼓励式的语言，如："你很认真""继续努力""很好"，等等，及时地表扬、鼓励，使他们树立起信心和勇气，激发他们的书写兴趣。同时，教师还可以通过大拇指、眼神等，向学生传达表示肯定的信息，以此方式来鼓励学生。

（课程开发者：钟润心）

后记

光阴似箭，日月如梭，自2016年12月广州市黄埔区萝峰小学开启品质课程实验研究之旅以来，已经过去了两年时间。这一路上，有幸得到上海市教科院杨四耕老师的悉心指导和广州市黄埔区教师发展中心的大力支持，更有全体教师的精诚合作和勇于探索。这一本凝结了老师们集体智慧和辛勤劳动结晶的书，就要出版了，相信参与了学校品质课程建设的每一位老师都会倍感激动。

　　两年来，我们从一开始对课程改革知之甚少，对如何提升课程品质茫然不解，到远赴上海、南京、合肥、深圳、珠海等地参观学习，逐步深入了解品质课程建设的内涵和优秀经验，然后到动手、动脑设计本校的品质课程建设蓝图，反复商讨、论证课程规划总纲，再到组织全员培训，人人动手撰写课程纲要并进行了三至五次的修改、润色，最后到择优汇编成册。

　　"学习如登山，登山必有难，难中必有苦，苦中必有甜。"在这一过程中，我们就是一个个好学深思的学生，认真努力地跟随着杨教授的步伐，在品质课程建设的路上抬脚拾阶，择善而从。其中，有憧憬、有期待、有困惑、有失落……我们始终不敢怠慢，在专家的引领下，举步向前，坚持着跨过一道道的关卡、迈过一块块的"绊脚石"，迎来如今的"登高望远"。

　　回首走过的路，我们感激杨四耕老师对我们的包容，感谢区教育发展中心给予的鼓励，感谢全体教师的鼎力配合，全赖大家对品质课程的共同追求以及在探索过程中的迎难而上，今天才能手捧着这一书本，回味个中苦甜，憧憬品质课程建设更美好的将来。

　　虽然这一书稿的质量和水平未能达到理想的科研水平，但这是我们一线老师们大胆尝试后的成果，或许并不完美，这里面却有着我们对品质课程建设的认真思考，是我们进行品质课程建设的真实想法和做法。只是遗憾，由于篇幅有限，不能展示每一位老师撰写的课程纲要和课程实践过程中的经验总结。不妥当之处，恳请得到诸位读者的理解，敬请给予教正，提出宝贵的建议。

学校课程深度变革丛书

进入学科深处的六个秘密	978-7-5675-5810-6	28.00	2016年12月
新美课程:演绎生命之诗	978-7-5675-7552-3	48.00	2018年5月
跨界学习:学校课程变革的新取向	978-7-5675-7612-4	34.00	2018年6月
以学习为中心的课程实施	978-7-5675-7817-3	48.00	2018年8月
聚焦学习的课程评估:L-ADDER课程评估工具与应用			
	978-7-5675-7919-4	40.00	2018年11月
学科核心素养与学科课程群	978-7-5675-8339-9	48.00	2019年1月
大风车课程:童趣与想象	978-7-5675-8674-1	38.00	2019年3月
蒲公英课程:综合实践活动课程的校本创意与深度			
	978-7-5675-8673-4	52.00	2019年3月
MY课程:叩响儿童心灵	978-7-5675-7974-3	39.00	2018年10月
课程实施的10种模式	978-7-5675-8328-3	45.00	2019年1月
聚焦式课程变革:制度设计与深度推进	978-7-5675-8846-2	36.00	2019年4月
以素养为核心的学科课程图谱	978-7-5675-9041-0	58.00	2019年4月
全经验课程:在地文化与实践演绎	978-7-5675-8957-5	54.00	2019年6月

课堂教学转型丛书

上一堂灵魂渗着香的课	978-7-5675-3675-3	36.00	2015年8月
把课堂打造成梦的样子	978-7-5675-3645-6	26.00	2015年8月
整个世界都是教室	978-7-5675-5007-0	22.00	2016年6月
寻找课堂教学的文化基因	978-7-5675-5005-6	22.00	2016年5月
课堂是一种态度	978-7-5675-3871-9	28.00	2015年10月
给孩子最美好的东西	978-7-5675-4200-6	30.00	2015年11月

把每一个孩子深深吸引	978-7-5675-4150-4	24.00	2016年1月
每一间教室都有梦	978-7-5675-4029-3	30.00	2015年10月
课堂,可以春暖花开	978-7-5675-3676-0	24.00	2015年10月
课堂,与美相遇的地方	978-7-5675-5836-6	24.00	2017年1月
赴一场思想的盛宴	978-7-5675-5838-0	28.00	2017年1月
突破平面学习:神奇的"南苑学习单"	978-7-5675-5825-0	29.00	2017年1月
让学习看得见:"226"教改实验研究	978-7-5675-6214-1	32.00	2017年4月
每一种意见都很重要:"责任课堂"的维度与操作	978-7-5675-6216-5	30.00	2017年4月

品质课程丛书

活跃的课程图景	978-7-5675-6941-6	42.00	2017年11月
课程情愫:学校课程发展的另类维度	978-7-5675-7014-6	42.00	2017年11月
突破大杂烩:有逻辑的学校课程变革	978-7-5675-6998-0	52.00	2017年11月
课程群:学习的深度聚焦	978-7-5675-6981-2	45.00	2017年11月
嵌入式课程:特色课程的路径和方略	978-7-5675-6947-8	42.00	2017年11月

课堂教学新样态

一百个孩子,一百个世界:基于差异的教学变革	978-7-5675-6810-5	32.00	2017年10月
让课堂洋溢生命感:L-O-V-E教学法的精彩演绎	978-7-5675-6977-5	32.00	2017年11月
课堂如诗:"雅美课堂"的姿态	978-7-5675-7219-5	36.00	2018年3月
近处无教育	978-7-5675-7536-3	32.00	2018年3月
课堂,与美最近的距离	978-7-5675-7486-1	32.00	2018年4月

课堂,涵养生命的园圃	978-7-5675-7535-6	36.00	2018年6月
协同教学:意蕴与智慧	978-7-5675-8163-0	42.00	2018年9月
课堂不是一个盒子	978-7-5675-8004-6	38.00	2019年1月
在教室里眺望世界:基于BYOD的教学方式变革	978-7-5675-8247-7	48.00	2019年3月

特色学校聚焦丛书

每一个孩子都是一棵树	978-7-5675-6978-2	28.00	2018年1月
教育不是一个人的事:"众教育"36条	978-7-5675-7649-0	32.00	2018年8月
不一样的生命,一样的精彩	978-7-5675-8675-8	34.00	2019年3月
童味正醇:特色学校的文化图谱	978-7-5675-8944-5	39.00	2019年8月
特色普通高中课程建设探索	978-7-5675-9574-3	34.00	2019年10月